가문의 영광시리즈

기분이
습관이 되지 않게

기분이 습관이 되지 않게

초판 1쇄 발행 2023년 10월 10일
초판 2쇄 발행 2024년 9월 2일

지은이 | 한창욱
펴낸이 | 박찬근
펴낸곳 | 주식회사 빅마우스출판콘텐츠그룹
주　소 | 경기도 고양시 덕양구 삼원로 73 한일윈스타 1422호
전　화 | 031-811-6789
팩　스 | 0504-251-7259
메　일 | bigmouthbook@naver.com

본　문 | 미토스
표　지 | ㉖

ⓒ 한창욱

ISBN 979-11-92556-14-7　(03320)

기분이
습관이 되지 않게

한창욱 지음

㈜다연
DAYEONBOOK

* 도파민: 뇌에서 발생하는 화학물질로서, 기쁨과 보상을 조절하는 데 중요한 역할을 한다. 성취감을 느끼거나 목표를 달성할 때 주로 분비되어서 행복감이나 만족감 등을 충족시켜준다. 도파민의 불균형은 신경질환과 정신질환에 영향을 미칠 수 있다.

* 옥시토신: 사회적 결속과 친밀한 관계를 형성하는 데 기여해서 '사랑의 호르몬' 또는 '애정 호르몬'으로 불린다. 대인 관계에서 신뢰와 유대감을 촉진하며, 특히 어머니와 아이 사이의 강한 유대감을 형성하는 데 중요한 역할을 한다.

* 엔도르핀: 일상생활을 할 때 인체에서 자연스럽게 분비되는 신경전달물질로서 기쁨과 보상은 물론이고, 통증과 스트레스 완화 등의 역할을 한다. 엔도르핀의 분비가 증가하면 정서적 안정감과 함께 기분이 좋아지므로 '행복 호르몬'으로 불린다.

* 세로토닌: 감정과 정서를 조절하는 데 중요한 역할을 한다. 세로토닌의 수치가 높아지면 안정적이고 편안한 기분을 느끼고, 수치가 낮아지면 스트레스와 불안을 느낀다.

* 코르티솔: 주로 스트레스 상황에서 생성되어서 '스트레스 호르몬'으로 불린다. 위험 상황에 처했을 때 혈압과 혈당을 높임으로써 근육과 뇌에 더 많은 혈류를 제공하는데, 이는 몸이 신속하게 위험에서 벗어날 수 있도록 돕기 위함이다. 그러나 과도한 분비나 만성적 스트레스로 코르티솔 수치가 높아질 경우 면역력을 약화시키고 염증을 촉진시켜서 각종 질병과 질환에 노출되기 쉽다. 또한 불안감과 긴장감이 지속적으로 높아질 경우 고혈압·당뇨·비만·심혈관 질환 같은 신체적 질환이나 불안·우울·불면증 같은 정신 질환을 불러올 수 있다.

불안정한 내 모습 들키지 않도록 기분을 다스려라!

기분을 다스려야 원하는 인생을 살 수 있다

그는 오늘도 사옥을 나서며 길게 한숨을 내쉬었다. 지옥 같은 하루가 마침내 끝났다는 안도감이 밀려왔다.

'하루에도 몇 번씩 감정 변화를 겪는 것이 인간 아닌가? 그런데 어떻게 다들 감정을 감쪽같이 감추고 사는 걸까?'

기분 나쁜 일이 있어도 하회탈을 쓴 듯 미소를 잃지 않는 박 대리, 또다시 승진에 누락되고서도 평소와 다름없이 사람 좋은 웃음을 터뜨리는 김 과장이 떠올랐다. 두 사람이 대단하다는 생각이 들었다.

'남들은 감정을 잘 다스리는데 왜 나만 안되는 걸까?'

지난 일들을 떠올리자 기분이 울적했다.

첫 직장에서도 감정 처리가 문제였다. 입사 동기들은 기분 나쁜 일이 있어도 참고 넘어갔는데, 그는 무의식중에 감정을 드러내곤 했다.

"너, 지금 뭐 하는 거야? 기분 나쁘다고 해서 회의실 문을 꽝 소리가 나게 닫나? 지금 나랑 해보자는 거야?"

"네 책상도 아닌데 왜 발로 차? 너 인마 그거 기물파손이야!"

자신도 모르는 사이에 감정이 튀어나오고 상사와의 관계는 갈수록 악화되었다. 스트레스가 점점 심해져서 입사 18개월 만에 퇴사했다.

10개월 남짓 쉬면서 마음을 다스린 뒤에 재취업을 했다. 처음에는 모든 게 순조로웠다. 불쾌하거나 불안정한 감정이 표출되지 않도록 극도로 조심했다. 그러나 표정이나 태도까지 숨길 수는 없었다.

"왜 이렇게 표정이 굳었어? 그냥 하기 싫으면 싫다고 말을 해!"

"주먹은 왜 꽉 쥐고 있는 건데? 잘하면 한 대 치겠다."

인내력이 부족하고 불성실하다고 낙인이라도 찍힌 걸까. 호의적으로 다가왔던 상사는 물론이고, 팀원들마저 점점 멀어졌다.

그는 하루에도 몇 번씩 사표를 내던지고 싶은 충동을 느꼈다. 하지만 그때마다 자신을 달래곤 했다.

'여기서 그만두면 대안은? 직장을 다시 옮긴다고 뭐가 달라질까?'

처음부터 단추를 잘못 끼웠다는 생각이 들자, 가뜩이나 우울했던 기분이 한없이 가라앉았다.

육교 위에서 걸음을 멈추고, 질주하는 차량 불빛을 한동안 바라보았다. 차라리 자살해버릴까 하는 생각도 잠시 들었지만 이대로 생을 마감하기에는 억울하기도 했고, 아까운 나이이기도 했다.

그녀는 대학 동창모임에 참석했다. 모처럼의 만남이어서 다들 즐거워했지만 그녀는 시간이 지날수록 점점 기분이 처졌다.

친구들은 대부분 좋은 직장에 다니고 있었다. 남자친구들도 하나같이 괜찮았는데 의사나 변호사, 심지어 재벌 2세도 있었다.

반면 그녀는 이름도 생소한 외국계 중견기업에 다니는 중이었고, 3년을 사귄 남자친구는 천만 원을 빌리고는 석 달 전에 잠수를 탔다.

자격지심일까. 그녀는 평소보다 술을 많이 마셨고, 술김에 화가 나서 하지 말아야 할 말을 뱉었다.

"야, 내 말이 우스워? 왜 내가 말을 하는데 끊고 지랄이야!"

술자리는 순식간에 얼어붙었다. 다행히도 사교성 좋은 친구가 잘 무마해서 금세 누그러지기는 했지만 그녀의 기분은 끝내 풀어지지 않았다.

술집을 나와서 2차를 가는 무리에 합류하려는데 한 친구가 어깨를 붙잡았다.

"오늘 많이 취했으니까, 너는 그냥 집에 가."

"나, 안 취했어!"

"야, 기분 나쁜 일이 있다고 해서 친구들 앞에서 그러면 안 되지!"

그녀는 억지로 등을 떠밀리다시피 해서 돌아섰다. 뒤늦게 그녀는 자신의 행동을 후회했지만 이미 엎질러진 물이었다.

사회에 적응 못하는 사람들이 점점 늘고 있다.

그 이유 중 하나는 핵가족과도 관련 있다. 가족은 최소 조직이다. 대가족 체제에서는 이런저런 일로 부딪칠 수밖에 없고, 그러다 보면

자연스럽게 상대방의 기분을 파악하고, 자신의 기분을 다스리는 방법 내지 요령을 체득할 수 있다. 반면 핵가족 체제에서는 부딪칠 일이 별로 없다. 설령 부딪친다 해도 부모가 양보하다 보니 상대방의 기분을 헤아릴 이유가 없고, 자신의 기분을 다스릴 노하우를 체득할 기회도 없다.

불쾌한 기분을 제때 다스리지 못하다 보면 우울증에 걸리거나 약물 중독에 빠지게 된다. 지미 헨드릭스, 짐 모리슨, 재니스 조플린, 에이미 와인하우스, 크리스틴 파프, 장국영, 최진실, 설리, 채동하, 서지원, 구하라…. 무엇 하나 부족할 것 없어 보이는 이들이 어렵사리 올라간 정상에서 한창 활동할 나이에 우울증이나 약물 과다복용, 폭음 등으로 생을 마감하였다.

> 감정을 어떻게 처리하느냐가 문제다. 사소한 일은 계속 발생하며 그것이 도화선이 되어 큰 불행으로 발전하는 일이 빈번하기 때문이다.
>
> _알랭 드 보통

인간의 감정은 생리학적·사회적·심리적·환경적 요인 등에 영향을 받는다. 상황은 시시각각 변하기 때문에 일정한 기분을 유지하기란 쉽지 않다. 그렇다고 해서 매순간 바뀌는 기분을 방치하면 인생은 자신이 원했던 방향과는 전혀 다른 곳으로 흘러가고 만다.

성공한 사람, 특히 자수성가한 사람들의 공통점 가운데 하나는 저마다 기분을 다스리는 좋은 습관을 지니고 있다는 점이다. 어떤 상황에서도 감정을 통제해서 최상의 결과를 얻어낸다.

기분을 좌지우지하는 감정의 종류에는 여러 가지가 있다. 그중 기쁨, 행복, 기대, 설렘, 만족처럼 유쾌한 기분을 불러오는 것도 있지만 분노, 걱정, 슬픔, 공포, 우울, 열등, 수치, 충격, 혐오, 질투처럼 불쾌한 기분을 불러오는 것도 있다.

이 책은 나쁜 기분을 불러와서 삶의 질을 떨어뜨리는 8가지 부정적인 감정, 즉 불안·분노·좌절·열등감·불만·슬픔·외로움·우울을 다스리는 노하우와 함께 '기분을 다스리는 좋은 습관'을 들이는 법에 집중하였다.

> 감정을 다스리는 자가 인생을 다스린다.
>
> _랄프 왈도 에머슨

돈과 권력이 행복과 연관되어 있는 것은 사실이지만 그것만이 전부는 아니다. 행복한 사람 중에 성공한 이가 많기야 하겠지만, 비록 사회적으로는 성공하지 못했더라도 행복한 삶을 살아가는 이도 적지 않다.

삶의 질을 높여서 멋진 인생을 살고 싶다면 시도 때도 없이 밀려드는 부정적인 감정으로부터 자신을 지켜야 한다. 불쾌한 감정이 밖으로 표출되지 않도록, 기분을 다스리는 노하우를 습관으로 만들어야 한다.

기분을 다스릴 줄 알아야 상대방에게 안정감을 줘서 신뢰를 얻을 수 있고, 자신이 원하는 수준 높은 인생을 살아갈 수 있다.

한창욱

Chapter 3
나는 왜 점점 작고 초라해지는 걸까

Chapter 4
너는 누군데 왜 나를 힘들게 해

Chapter 5
인생은 왜 내 뜻대로 흘러가지 않는 걸까

Chapter 6
아무것도 할 수 없는 자의 슬픔

Chapter 7
모두가 외로운 사람들

Chapter 8
왜 내 머릿속 먹구름은 걷히지 않는 걸까

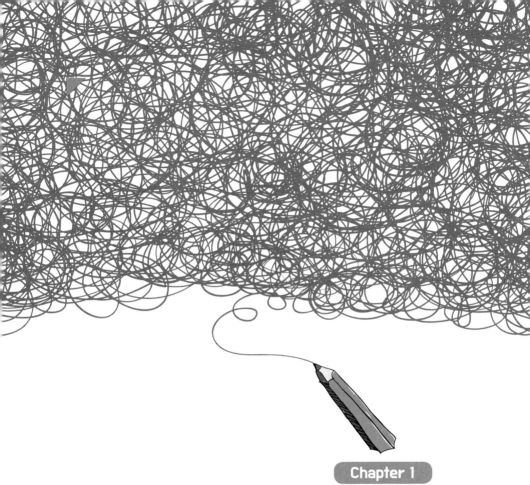

Chapter 1

불확실한 시대가
우리를 불안하게 한다

당신이 괴로움을 느낄 때,
당신은 아마도 과거나 미래에 집중하고 있을 것입니다.
하지만 당신이 현재에 집중한다면
그 고통은 사라질 것입니다.
_ 에크하르트 톨레

01

나의 미래는 어떻게 펼쳐질까

알 수 없는 미래가 우리를 불안하게 한다.

현대 사회의 특징 중 하나는 불확실성이다. 과학 기술의 발달과 무차별적으로 쏟아지는 광범위한 정보는 가뜩이나 불확실한 우리의 미래를 더욱 예측 불가능하게 만든다.

기술과 정보의 발달로 정치, 경제, 사회 등 여러 분야에서 빠르게 변화가 이루어지고 있다. 그렇다면 우리의 미래는 어떻게 펼쳐질까?

"언니, 우리 이제 어떡해?"

점심시간에 입사 3년 후배가 심각한 표정으로 물었다.

"뭘 어떡해?"

"AI에게 물어보니 미래에 사라질 직업, 우선순위가 은행원이래요."

"듣던 중 반가운 소식이네! 일 안 하고 좋잖아?"

"어, 듣고 보니 그러네! 역시 언니는 긍정 여신이야!"

그녀는 평소 습관대로 가볍게 받았지만 사실 마음이 그리 편하지만은 않았다. 인터넷뱅킹과 폰뱅킹, 모바일뱅킹이 활성화되면서 전국의 오프라인 지점이 빠르게 사라져가는 실정이다. 이대로 간다면 은행원은 역사책 속에나 남을지 모른다.

'아파트 대출금을 갚으려면 앞으로 10년은 더 일해야 하는데….'

어차피 없어질 직업이라면 지난번에 희망퇴직자를 받을 때 신청했어야 하는 건 아닌가 싶어서 후회가 몰려왔다.

'아, 몰라! 세상이 바뀌어도 어떻게든 살아가겠지!'

그녀는 찰거머리처럼 달라붙는 불안을 떨쳐내기 위해서 세차게 머리를 흔들었다. 기분이 울적해졌고, 더 이상 식욕도 일지 않았다.

인간은 예측 불가능한 상황에 놓였을 때 불안을 느낀다.

과학 기술의 발전은 삶에 편리를 가져다주었다. 문제는 그 속도를 교육이나 행정이 쫓아가지 못하는 데 있다.

세상은 쉼 없이 변화하며 시간의 강물 위를 흘러간다. 계절이 바뀌면 옷을 갈아입듯이 자연스럽게 변화를 받아들여야 한다. 변화를 두려워하면 할수록 세상살이가 힘들고 고달파진다.

변화를 받아들이고, 정확한 정보를 바탕으로 미래를 예측하며, 대응책을 마련해야 한다. 또한 협력과 소통을 통해서 정보를 교환하고,

불확실한 미래에 따른 불안과 위험을 함께 타개해나갈 필요가 있다.

혼자 힘으로 어찌할 수 없는 상황에서는 자기 통제력을 발휘함과 동시에 긍정적인 마인드를 지니면 좋은 기분을 유지할 수 있다.

> 예측할 수 없는 것을 예측하는 유일한 방법은 준비하는 것뿐이다.
> _케네스 로고프

인간이 미래를 정확히 예측한다는 것은 불가능하다. 우리가 할 수 있는 것은 불확실한 미래에 대한 불안을 달래기 위해서 정보를 수집하고, 미래를 예측하고 대비하면서, 그 미래가 잘될 거라고 믿는 것뿐이다.

설령 미래가 예측과는 전혀 다른 방향으로 흘러간다고 해도, 오늘 우리가 불안해하지 않고 기분 좋게 살아갈 수 있다면 미래 역시 그러하지 않겠는가.

02

언제 돈 걱정 없이 살아보나

현대인들의 가장 큰 불안 중 하나는 '돈'이다. 돈은 돌고 돌아서 돈이라는데, 때로는 돈이 사람을 돌게 만든다.

산업구조의 변화로 일자리가 바뀌고, 불경기가 겹치면서 취업 시장의 문이 좁아졌다. 매년 취업준비생의 적체가 늘면서 결혼 적령기는 늦춰지고, 고물가시대가 도래하면서 출산율도 떨어지고 있다.

'오늘, 술 한잔 어때?'

그는 동료로부터 온 카톡을 한동안 들여다보다가 답장을 보냈다.

'미안! 선약이 있어서….'

거절은 했지만 마음은 편하지 않았다.

오늘은 월급날이었다. 기분 같아서는 동료들과 함께 한 달 동안 쌓인 스트레스를 풀고 싶지만 마음의 여유도, 경제적 여유도 없었다.

대출받은 아파트 전세금에 대해 매월 은행 이자와 원금을 상환해야 하고, 고향의 노모에게 생활비를 송금해야 했다. 거기다 이번 달에는 자산관리사를 따기 위해서 카드로 결제한 학원비 때문에 생활비도 간당간당했다.

대학교 4학년 때 만나서 7년을 사귀었던 여자 친구와도 한 달 전 헤어졌다. 결혼하고 싶은 마음은 굴뚝같았지만 도저히 그녀가 원하는 신혼집을 마련할 방법이 없어서, 순순히 보내줬다.

버스에서 내려서 터벅터벅 걷다 보니 치킨 가게가 보였다. 그는 잠시 망설이다가 발걸음을 돌렸다. 누군가에게는 푼돈이겠지만 그에게는 치킨 한 마리 값도 만만치 않았다.

"젠장! 언제 돈 걱정 없이 한번 살아보나."

그는 편의점에서 캔 맥주를 사 와서 파라솔 아래 앉았다. 알 수 없는 불안감이 송충이처럼 슬금슬금 전신을 기어 다녔다.

경제적으로 어려워지면 돈 관리에서 손을 놓게 된다. 필요한 곳에 쓰고 나면 남는 돈이 없기 때문이다.

그러나 이럴 때일수록 돈을 철저히 관리해야 불안감을 줄일 수 있다. 돈이 없다는 이유로 가계부를 방치해버리면 불안감은 제멋대로 몸집을 불려나간다.

한 달 예산을 세우고, 지출을 관리하라. 수입보다 지출이 많다면 쓸

모없는 비용을 줄일 효과적인 방법을 찾아라. 돈은 생각보다 탄력성이 있어서 마음먹기에 따라 얼마든지 지출 비용을 줄일 수 있다.

또한 경제적 여유가 없더라도, 투자를 시작하라. 일단 적은 돈으로라도 투자를 시작하면, 소비를 줄이고 투자를 늘려야겠다는 생각이 간절해진다. 저축보다 빠른 시일 안에 원했던 종잣돈을 모을 수 있다.

> **불안은 미래에 대한 불신으로부터 온다.**
> _프랑수아 드 라 로슈푸코

경제적으로 어려울 때일지라도 불안에 떨기보다는 미래에 대한 계획을 세워라. 일단 계획을 세우고 나면 기대감만으로도 기분이 좋아진다.

비록 어려운 상황일지라도 하루하루 최선을 다하며 기분 좋게 살아간다면 머잖아 상황이 바뀌면서 경제적 궁핍에서 벗어날 수 있다.

03

소통 부족이 나를 불안하게 한다

인간은 사회적 동물이다. 소통 부족으로 사회와의 연결성이 약화되면 불안해지고 스트레스를 받는다. 일반적으로 대화하고 공감하고 이해하는 상호작용을 통해서 정서적 안정감을 느끼는데, 소통 부족은 고립감을 불러와서 불안감을 조성한다.

부모님이나 이성과 대화할 때 가슴이 답답하고 짜증이 치미는 이유도 소통 부족으로 인한 불안 때문이다.

소통 불안은 대화로써 해결하는 것이 현명한 선택이다.

"프로젝트가 왜 이렇게 진행이 더뎌?"

"협력업체 내부 사정으로 샘플 제작이 예상보다 늦어져서 그렇습니다."

"그럼 협력업체를 바꾸면 될 거 아냐?"

"그게 오랫동안 같이 일해온 업체이기도 하고….'

"사장님이 이 프로젝트에 지대한 관심을 갖고 있는 걸 몰라서 그래? 난 요즘 들어서 회의감이 들어. 과연, 박 대리가 이렇게 중요한 프로젝트를 맡아서 할 자격이 있는가 해서!"

"죄송합니다. 기대에 어긋나지 않게 열심히 하겠습니다."

그녀는 가슴이 답답했다. 자신의 업무 처리가 미흡해서 상사로부터 지적을 받은 것이 아니라, 비난을 받고 있는 기분이었다. 자칫하다가는 회사 내에서 입지가 좁아질 수도 있겠다는 위기감이 들었다.

당장 만나서 재촉하기 위해서 하청 업체 담당자에게 전화를 걸었다. 신호는 가는데 받지 않았다.

"대체 일을 하겠다는 거야, 말겠다는 거야!"

그녀는 치미는 짜증으로 기분이 엉망이었다.

직장에서의 소통은 자아실현을 위한 수단으로 사용된다. 소통이 제대로 이루어지지 않을 때 가치와 신념이 흔들리면서 정체성의 위기가 닥친다.

사회생활에서는 각자에게 주어진 역할이 중요하다. 세월이 흐를수록 그 역할을 충실히 수행하는 사람이 있는가 하면 그 반대의 경우도 있다. 반대의 경우라면 그 관계에 대해서 다시 한 번 생각해볼 필요가 있다.

소통의 기본은 충분한 대화이다. 서로의 생각과 입장을 확인하는 것이 우선이다. 그러고 나면 답답했던 마음도 풀리고, 무엇을 해야 할지 알게 된다.

직장에서는 상사와의 소통이 중요하다. 상사는 조직의 목표와 방향성을 제시하고, 역할과 책임을 분담해서, 목표를 이룰 수 있도록 의사 결정을 하는 사람이다. 상사와의 소통이 제대로 이루어져야만 자신의 역할과 목표를 정확히 이해해서 심리적 안정감을 찾을 수 있다.

> 소통은 당신이 이해하는 것이 아니라, 상대방이 이해하는 것이다.
> _존 폴 존스

상사와 갈등이 생겼을 때는 문제를 해결하는 데 집중할 필요가 있다. 자신의 입장이 옳다고 여겨지더라도, 상사의 시각에서 생각해본 뒤 소통하는 게 바람직하다. 문제를 함께 해결하는 과정에서 혹은 자신의 의견과 생각을 전달하고 상사의 의견과 생각을 경청하는 과정에서 소통이 이루어져 화해할 수도 있다.

그러나 화해했다고 해서 상사의 비난을 없는 일로 덮어버리면 훗날 또다시 비난을 받거나 모욕을 당하게 된다. 고슴도치가 가까이 다가오면 밀어내야 하듯이 상사의 사적인 비난이나 모욕은 지적할 필요가 있다.

비난이나 모욕을 받았다고 해서 그 자리에서 지적하면 감정싸움으로 번지게 된다. 사적인 자리에서 슬쩍 언급하는 것이 현명하다.

"제가 업무 처리를 제대로 못해서 기분을 언짢게 했다면 죄송합니다. 그래도 한창 일하고 있는 사람에게 자격 운운하는 건 심했다고 생각합니다. 그 말을 듣는 순간, 자신감도 뚝 떨어지고 마음의 상처도 입었습니다."

매일 날아오는 오물이나 쓰레기를 뒤집어쓰며 좋은 기분으로 살기란 불가능한 일이다. 하루를 기분 좋게 지내기 위해서는 자신의 마음을 조절하는 것도 중요하지만 함께 살아가는 사람들의 말이나 태도도 중요하다.

잘못을 바로잡을 용기가 있는 사람만이 기분 좋은 하루를 보낼 수 있다.

경쟁 심리가 나를 불안하게 한다

인류는 진화 과정에서 무수한 경쟁을 해왔다. 생존에 필요한 자원, 토지, 식량 등을 얻기 위해서 경쟁을 했고, 그 과정에서 인류 문화가 점점 발달했다.

그러나 지나친 경쟁 심리는 급성 스트레스에 반응하는 코르티솔의 분비를 증가시켜서 안정을 유지하고 있던 뇌의 균형을 허물어뜨린다. 불안감과 우울감이 높아져서 불면증과 같은 수면 문제를 야기한다.

그는 동창회에 다녀온 뒤로 잠을 이룰 수 없었다. 친구들은 결혼도 한 데다, 직장인은 물론이고 자영업을 하는 친구들마저도 저마다 자리를 잡아가고 있었다.

'좀 더 참고 견뎌볼 걸 그랬나?'

그는 대기업에 다니다가 몇 해 전 퇴사했다. 주요 거래처가 미국과 유럽이다 보니 야근을 밥 먹듯이 해야 했다. 건강도 점점 나빠져서 더 이상 버틸 재간이 없었다.

회사 안이 전쟁터라면 회사 밖은 지옥이라는 말에도 '어떻게든 되겠지!' 하는 마음으로 사직서를 냈다.

사직하고 나서 한동안은 마음이 편했다. 매일 운동을 해서인지 석 달 남짓 지나자 건강이 어느 정도 회복되었다. 그때부터 재취업을 위해 여기저기 원서를 냈다. 6년 경력직임에도 불구하고 불경기이다 보니 쉽지 않았다.

결국 눈높이를 낮추어 중견기업에 취업했다. 연봉이나 복지는 전 직장에 비하면 여러모로 부족하지만 근무 조건만큼은 확실히 좋았다. 퇴근 후에는 시간이 남아서 헬스클럽에 등록도 하고, 전부터 배우고 싶었던 불어 공부도 시작했다.

그러던 어느 날 친구에게서 전화가 걸려왔고, 모처럼 기분 전환이나 할 겸 동창회에 나갔다. 친구들은 저마다 사회에서 제 몫 이상을 해내고 있었다. 하지만 그는 아직 결혼도 못 했고, 친구들에 비하면 직장도 변변하지 않았다. 이직한 회사가 어디냐고 묻기에 회사명을 댔지만 아무도 알지 못했다.

집으로 돌아가는 길, 맞은편에서 바람이 불어왔다. 순간, 불안감이 와락 밀려들었다. 친구들은 성공의 피라미드를 한 계단씩 오르고 있는데, 혼자만 뒤로 떠밀린 기분이었다.

'결국 나만 낙오자가 되는 건가?'

그는 기분이 울적해서 집 앞 생맥주 가게로 들어갔다. 이대로는 잠을 이루지 못할 것 같아서 한잔 더 할 생각이었다.

　적절한 경쟁은 노력의 계기가 되어서 잠재된 능력을 발휘하게 한다. 그러나 과도한 경쟁 심리는 심장 박동 수를 높이고, 근육을 경직시키고, 시야를 좁게 만들어서 오히려 역효과를 낳는다.

　불안을 관리하며 좋은 기분으로 살아가기 위해서는 먼저 자신이 지닌 것에 감사하고 인정하는 마음을 지녀야 한다.

　그런 다음 확고한 목표를 세워라. 장기·중기·단기계획을 세운 후 목표에 집중하라. 어제보다 한 걸음 더 나아간다는 마음가짐으로 하루하루를 살아가다 보면 새로운 가능성을 발견할 수도 있고, 성취감도 느낄 수 있다.

> 당신이 불안을 느끼고 있다면, 당신이 갖고 있는 것에 집중하지 않고 당신이 갖고 있지 않은 것에 집중하고 있기 때문입니다.
>
> _에스더 힉스

　대다수 사람은 위를 올려다보며 산다. 그러다 보니 자신이 무엇을 지니고 있으며, 자신이 가진 것이 어떤 가치가 있는지조차 모른다.

　멋진 인생을 살고 있다면 자기 앞의 삶에 집중해야 한다. 그 순간, 우리는 진정한 행복을 느낄 수 있으며 기분 좋은 삶을 살 수 있다.

05

성공하지 못한 삶이 나를 불안하게 한다

우리는 누구나 성공을 갈망한다. 원하는 삶을 살 수 있고, 관심과 존중을 받을 수 있기 때문이다.

그러나 사회적 성공은 피라미드 형태로, 소수의 몫이다. 일부는 계속 도전하고, 일부는 체념한 채 현실을 살아가고, 일부는 환멸 속에서 하루하루를 견뎌낸다.

◇◆◇

그녀는 어린 시절부터 성공하고 싶었다.

그녀의 아버지는 착하고 성실했다. 남을 속일 줄도 몰랐고, 거짓말을 할 줄도 몰랐다. 그녀가 세상에서 가장 존경했던 아버지는 오랫동안 빌딩 경비원으로 일했고 지금은 아파트 경비원으로 일하고 있다.

어려서부터 사람들 앞에서 굽실거리는 아버지의 모습을 봐온 그녀는 반드시 성공하고 싶었다. 부모님의 은혜에 보답하는 한편, 아버지와는 다른 존중받는 삶을 살고 싶었다.

과외 한번 받지 못했지만 그녀는 밤낮없이 공부해서 명문대에 진학했다. 학비를 걱정했는데 불행 중 다행으로 소득분위가 낮아서 국가 장학금으로 학교를 다닐 수 있었다. 아르바이트로 책값과 용돈을 충당했고, 어학연수는 워킹 홀리데이로 1년 동안 뉴질랜드에 다녀왔다. 학점 관리도 나름 신경을 써서, 대학을 졸업하고 어렵지 않게 대기업에 취업해 마케팅팀에서 일했다.

그녀는 열심히 일했지만 성공은 요원하기만 했다. 적지 않은 월급을 받아도 풍족한 삶을 살 수는 없었다. 집이 경기도인데 직장은 서울이어서 출퇴근 시간만 네 시간 남짓 걸렸다. 어쩔 수 없이 오피스텔을 얻어서 생활하다 보니 월세나 생활비도 무시할 수 없었다. 점심값이며 옷값이며 화장품 값도 적잖게 들어갔다.

해외여행은 엄두도 낼 수 없는 형편이었다. 미래를 생각해서 적금과 주택부금을 붓다 보니 국내 여행마저도 쉽지 않았다.

그녀는 결혼 적령기가 되자 소위 말하는 '취집'을 했다. 신분을 바꿔볼 욕심으로, 성격 좋아 보이고 돈 많은 자영업자와 결혼했다.

결혼 생활은 꿈꿨던 대로 흘러가지 않았다. 평상시에는 점잖은 사람인데 술에 취하면 인간 자체가 바뀌었다. 아무리 돈이 좋다지만 술에 취해서 내뱉는 모욕적인 말투와 폭력을 감당하며 살아갈 자신이 없었다. 그녀는 결국 결혼 3년 만에 이혼했다.

이혼녀가 되고 나자 그녀의 삶은 결혼 전보다 오히려 나빠졌다. 변호사를 사서 이혼 소송을 했지만 고작 3천만 원의 위자료와 약간의 합의금을 받았을 뿐이다.

공백기가 3년이 넘다 보니 직장을 구하는 것부터 쉽지 않았다. 그렇다고 마냥 놀 수는 없어서, 지인의 소개로 옷가게에 점원으로 취직을 했다.

그녀는 친구는 물론이고 다른 사람들로부터 존중받는 삶을 살고 싶었다. 그러나 이혼녀가 되자 오히려 상황은 그 반대가 되었다.

'왜 이렇게 됐지? 어디서부터 잘못된 걸까?'

그녀는 어려서부터 함께했던, 성공을 향해서 달려가던 무리로부터 완전히 떨어져나왔음을 직감했다. 실패한 인생이라는 생각이 들자, 기분이 울적했다.

잠들기 전, 그녀는 매일 밤 와인을 마신다. 이혼하기 전부터 밤에 잠이 오지 않아서 한두 잔씩 마시기 시작했는데, 점점 주량이 늘어서 이제는 매일 한 병은 마셔야 잠이 든다.

싸구려 와인에 취해서 잠자리에 눕자 굼실거리는 아버지의 굽은 등이 보였다. 까닭 모를 눈물이 하염없이 흘러내렸다.

사회적 지위는 인정이나 존경과 밀접하게 연결되어 있다. 자신이 실패한 인생이라는 생각을 하면 자존감이 뚝 떨어진다. 자아 정체성도 흔들려서 자신의 존재 이유에 대해서 의심을 품게 된다.

일단 현실을 인정하고 받아들여야 한다. 실패를 부정적인 눈으로 바라보면 한도 끝도 없이 자책하게 된다. 자신에 대한 자책이나 비난을 하기보다는, 실패를 깨끗이 인정하고 긍정적인 시선으로 바라볼 필요가 있다.

긍정 마인드로 바라보면, 실패가 아프기는 해도 견디지 못할 정도는 아니고 나름 좋은 경험을 했다는 생각이 들게 마련이다.

인생을 살아가다 보면 여러 일을 겪는다. 그때마다 일희일비해서는 제대로 된 인생을 살아갈 수 없다. 성공이나 실패와 무관하게 자기 자신을 있는 그대로 사랑할 줄 알아야 한다. 특히 힘든 상황일수록 자존감을 지키고 자기효능감을 잃지 말아야 한다.

> 나에 대한 자신감을 잃으면 온 세상이 적이 된다.
> _랄프 왈도 에머슨

실패자라는 생각에 사로잡히면 정치·문화·경제적 측면에서 불안을 느끼게 된다. 성공이 요원해서 사회적으로 인정받기 어려운 상황에서는 정치나 문화에 신경을 쓰기보다는 경제적 안정에 집중할 필요가 있다.

삶의 기반인 경제적 안정을 어느 정도 이루고 나면 손상된 자존감이 회복되면서 기분도 한결 나아진다.

꾸준한 운동을 통해 심신을 단련하고, 새로운 목표를 세우고, 가까운 지인들과 대화하다 보면 성공하지 못했다는 불안으로부터 벗어날 수 있다. 인간의 그릇 또한 넓어져서, 전보다 훨씬 더 좋은 기분으로 인생을 살아갈 수 있다.

꿈과 멀어지는 삶이 나를 불안하게 한다

우리는 어렸을 때부터 꿈을 꾼다. 그러나 그 꿈을 이룬 사람은 소수에 불과하다. 대다수가 꿈과 무관한 삶을 살아가다 보니 어느 날 문득, 불안을 느낀다.

뇌는 목표 설정과 보상 시스템에 익숙하다. 계획을 세울 때는 물론이고, 목표를 달성했을 때 기분을 좋게 하는 도파민과 같은 신경전달물질을 분비해서 보상을 해준다. 반면 목표 자체가 사라져버리면 실망으로 인한 우울감이 증가한다.

그는 3남매 중 장남이다. 아버지가 일찍 돌아가셔서 어머니가 옷가게를 하며 3남매를 키웠다. 어머니는 밤늦게 돌아왔다. 그러자니 그가 동생들을 돌봐야 했다.

두 살과 세 살 터울인 동생들의 공부를 가르치다 보니, 자연스럽게 꿈이 생겼다. 바로 선생님이 되는 것이었다. 적성에도 맞았고, 보람도 있었다.

그는 열심히 공부했고, 수능 성적도 잘 나왔다. 그는 교대에 가고 싶었지만 담임은 명문대 경영학과를 권했다. 담임과 상담을 하고 온 어머니까지 같은 곳을 권해서 결국 그는 자신의 뜻과 무관한 경영학과에 입학했다.

대학을 졸업하고 그는 증권사에 입사했다. 연수원에서 만났던 입사 동기와 3년의 연애 끝에 결혼했다. 회사 일도 바쁜 데다 아이까지 생기다 보니 순식간에 세월이 흘러서 30대 후반이 되었다.

그는 요즘 들어서 매사에 회의감이 들었다. 연봉은 높지만 회사 일은 재미가 없었다. 유일한 즐거움은 퇴근 후 유치원생 딸아이를 가르치는 일뿐이었다.

'그때 교대를 갔어야 했어.'

그는 선생님이 된 자신의 모습을 상상해보았다. 비록 돈은 많이 벌지 못해도 지금보다는 훨씬 더 행복할 것만 같았다.

'이번 생은 이렇게 끝나는 건가?'

한 번뿐인 인생이 자신의 의사와는 무관하게 흘러가는 것만 같아서 가슴이 답답했다. 알 수 없는 불안감이 마음 한구석에서 안개처럼 피어올랐다.

인간은 삶에 대한 통제력을 잃으면 무기력해진다. 예측 불가능한 상황에 놓여 삶을 방치해버리면 불안감은 증폭된다.

자기가 원하는 대로 살 수 있으면 좋겠지만 인생은 뜻대로 흘러가지 않는다. 그럼에도 불구하고 인생을 방치해서는 안 된다.

인생은 정원 가꾸기와 비슷하다. 좋은 인생을 살고 싶다면 매일 정원을 가꿔야 한다. 예쁜 꽃을 심고, 잡초를 뽑고, 물을 주고, 열매를 솎아내야만 예쁜 정원이 만들어진다.

자기가 보고 싶었던 꽃은 말라 죽고 잡초만 무성하다고 해서 방치해버리면 정원은 폐허가 되고 만다. 정원을 열심히 가꾸다 보면 자신이 원했던 꽃은 아니더라도 다른 예쁜 꽃을 만날 수 있고 거기서 또 다른 즐거움을 느낄 수 있다.

삶의 통제력을 갖기 위해서는 계획을 세우고 실천하며 살아갈 필요가 있다. 그 계획이 애초의 계획대로 흘러가지 않더라도, 예측 가능한 삶을 살아가다 보면, 불안감 대신 즐거움을 느끼게 된다.

> 우리는 모든 것을 예측할 수 없다는 것을 받아들여야 합니다. 그러나 우리는 이상적인 시나리오를 기대하면서 최선을 다해야 합니다.
>
> _쿠트라기 켄

인간은 저마다 가치관을 갖고 있다. 가치관이 나무라면 꿈은 열매와 같다. 곰곰 생각해보면 자신이 선생님이 되고 싶었던 이유를 찾을 수 있다.

　비록 선생님이 되지 못했더라도 자신의 가치관을 좀 더 폭넓게 적용한다면 할 수 있는 일은 많다. 우리 아이가 꿈을 이룰 수 있도록 적극 지원해줄 수도 있고, 환경이 열악한 아이와 결연을 맺어서 도움을 줄 수도 있고, 보육원 등에서 봉사 활동을 할 수도 있다.

　삶이 뜻대로 흘러가지 않는 때일수록 불안해하기보다는 분발할 필요가 있다. 그래야 기분도 좋아지고, 인생 또한 흥미진진해지지 않겠는가.

✸ 간단하게 불안을 다스리는 6가지 좋은 습관

1. 긍정적인 자기대화

뇌는 실제 이상으로 과장하거나 확대 해석하는 경향이 있다. 뇌가 불안을 현미경으로 들여다볼 때, 즉 그것에 대해서 필요 이상으로 깊이 생각할 때 우리는 불안을 느낀다. 자신과의 긍정적인 대화는 뇌를 환기하는 효과가 있고, 불안해하고 있는 것의 실체를 다각도로 바라보게 해주어 불안한 마음을 빠르게 안정시킨다.

▶ 따라 하기 ▶ 나 자신과 대화하기

▼ 타인을 의식하지 않아도 되는 조용한 장소를 선정한다. 거울을 보면서 대화할 수 있는 장소라면 더 좋다.

▼ 숨을 깊게 내쉬었다가 들이마시면서 심신의 안정을 취한다.

▼ 대화를 시작하기 전, 내가 어떤 부분에서 불안을 느끼고 있는지 정확하게 인식한다. 만약 정확한 이유를 모른다면 글을 써서 그 이유가 무엇인지 찾는다.

▼ 구체적인 문장을 만들어서 내가 들을 수 있도록 소리 내서 말한다. 예컨대 "나는 능력 있는 사람이어서, 그 어떤 어려움도 해결할 수 있어!"라고 말하는 것이다.

▼ 불안이 가라앉고 자신감이 차오를 때까지 반복해서 말한다. 자기대화를 하다 좀 더 가슴에 와닿는 말이 있으면 그걸로 바꿔도 된다.

▼ 기분이 다소 나아졌으면 마지막으로 나 자신에게 감사를 표현한다. "나를 인정해주고 격려해주는 나 자신에게 감사해"라든지 "나는 내가 참 좋아!"와 같이 말한다.

2 산책하기

불안할 때 산책을 하면 뇌의 혈류가 빨라져 도파민과 세로토닌 등의 분비가 증가하여 기분을 환기하는 효과가 있다.

차분한 상태에서 산책하면 뇌파가 베타파에서 피로회복 능력을 높이는 알파파로 바뀐다. 스트레스와 같은 불안한 감정을 조절하는 신경전달물질인 감마아미노뷰티르산이 중추신경계에서 분비되어 근육을 이완시키면서 스트레스를 감소시키는 것인데, 명상할 때와 같은 효과를 보는 셈이다.

공원이나 들판 같은 곳을 산책하면 시야가 넓어져서, 인생 전반에 대해서 생각할 수 있기 때문에 일시적으로 불안감을 해소하는 데 도움이 된다.

▶ 따라 하기 ▶ 산책하기

▼ 편안한 신발과 복장으로 인근의 공원이나 숲으로 간다.

▼ 산책할 때는 계속 머릿속을 떠돌던 불안에 대해 최대한 생각을 배제한다. 그 대신, 주변 풍경이나 소리, 햇볕이나 바람의 느낌 등을 관찰하며 신경을 집중한다.

▼ 일정한 보폭을 유지하면서 걷되, 규칙적으로 호흡한다.

▼ 몸이 가벼워진 느낌이 들면 스트레칭을 하거나, 빠른 걸음으로 걷거나, 조깅으로 전환한다.

▼ 산책 후에는 산책 도중 떠올랐던 긍정적인 생각들이나 좋았던 점을 간단하게라도 기록한다.

3. 명상하기

명상을 하면 뇌파가 집중력과 인지력을 높이는 베타파에서 알파파로 바뀐다.

명상은 자율신경계에도 영향을 미치는데, 스트레스 상황에서는 아드레날린(에피네프린)과 노르에피네프린이 부정적인 감정을 가라앉히고, 중추신경계에서 분비된 감마아미노뷰티르산이 근육을 이완시키고 스트레스를 감소시킨다. 또한 기분·감정·수면·식욕·성욕·우울증 등을 조절하는 세로토닌이 분비되어서 심박수가 낮아지며, 행복호르몬이라 불리는 옥시토신이 분비되어서 따뜻하고 편안한 기분을 느낄 수 있다.

▶ 따라 하기 ▶ 숨을 깊게 내쉬며 명상하기

▼ 편안한 자세로 앉기. 결가부좌나 반가부좌를 틀지 않아도 되고, 바닥이나 의자에 앉는다.

▼ 눈을 감고 숨에 의식을 집중한다. 들숨은 코로 천천히 쉬되, 배가 부풀어 오를 때까지 들이마신다. 날숨은 배가 푹 꺼질 때까지 천천히 깊게 내쉰다.

▼ 의식은 숨에 집중한다. 잡념 때문에 집중하기 어렵다면 느리고 잔잔한 음악을 틀어놓고 그 소리에 집중해도 무방하다.

▼ 몸과 마음의 긴장이 풀리고 편안해질 때까지 계속한다. 명상 시간은 처음에는 집중력이 흐트러지기 전까지 해보고, 점차 시간을 늘려나간다.

4. 음악 감상하기

음악을 들으면 거울 뉴런이 활성화되면서 동조화현상을 일으킨다. 거울 뉴런은 음악 속의 감정을 인지하고, 경청하는 사람의 감정까지 동조화한다. 즉, 음악의 리듬이나 멜로디는 심리 상태에 영향을 미친다. 편안한 음악은 뇌파를 안정시키고, 심박수를 떨어뜨리고, 스트레스를 줄여줘서 불안감 완화에 도움을 준다.

▶ 따라 하기 ▶ 음악 듣기

하나. 타인의 방해를 받지 않는 조용한 공간에서 편안한 자세를 취한다.

▼ 심호흡을 통해서 음악을 들을 마음의 준비를 한다.

▼ 미리 준비해둔 부드럽고 편안한 음악이나 자연의 소리를 듣는다.

▼ 음악의 리듬과 멜로디에 몸을 맡긴다.

5. 운동하기

운동은 뇌의 보상 체계를 자극하여 엔도카나비노이드를 생성하고, 이를 수용체를 통해서 전달함으로써 불안과 스트레스를 조절하고, 동시에 도파민을 분비하여 기분을 좋게 만든다.

신체적인 활동을 하면 불안으로 활성화되어 있던 뇌세포가 진정되면서 평정심을 찾게 된다. 운동은 불안을 다스림은 물론이고 도전 정신을 불어넣어준다. 또한 운동은 우리가 더 나은 삶, 더 나은 인간을 위한 목표를 설정하는 데 도움을 준다.

▶ 따라 하기 ▶ 유산소운동

▼ 편안한 옷차림과 신발을 착용한다.

▼ 충분한 스트레칭을 통해서 긴장된 근육을 이완한다.

▼ 체력에 맞는 중강도나 고강도의 유산소운동을 한다.

▼ 운동 중에는 나 자신과 긍정적인 대화를 나눈다.

▼ 스트레칭을 통해서 덥힌 몸의 근육을 이완한다.

▼ 건강한 음식으로 에너지를 충족시킨다.

▼ 편안한 휴식을 취한다.

6. 잠자기

불안할 때 수면을 취하면 잠을 자는 동안 뇌파가 변한다. 저주파인 델타파에서 더 높은 주파수인 세타파, 알파파, 베타파로 바뀌어 평상심을 회복하는 데 도움을 준다.

잠을 자는 동안에는 스트레스 호르몬의 농도가 감소하는 반면, 수면 패턴을 조절하고 항산화 작용을 하는 수면 호르몬인 멜라토닌의 분비가 증가한다. 또한, 행복 호르몬인 도파민과 세로토닌이 분비되어 걱정과 불안으로 엉망이 된 기분이 회복된다.

　잠에 빠져 있는 동안, 뇌는 청소를 하고 정리정돈을 한다. 즉, 불쾌한 기억은 그 농도를 낮추고, 불필요한 기억은 제거하고, 중요한 정보는 장기기억장치로 이동시킨다. 이러한 일련의 활동이 잠에서 깨어나면 머릿속이 맑아져 개운한 기운이 드는 이유다.

　▶ 따라 하기 ▶ 숙면 취하기

　▼ 명상을 하거나, 따뜻한 물로 샤워하거나, 스트레칭을 하거나, 책을 읽거나, 잔잔한 음악을 들으며 숙면을 위한 준비에 들어간다.

　▼ 실내 분위기를 어둡게 한다.

　▼ 수면 시간을 충분히 확보해야 하므로, 자명종을 맞추고 일찍 잠자리에 든다.

　▼ 충분한 숙면을 취했다고 생각되면 길게 기지개를 켜고 몸을 천천히 일으킨다.

　▼ 곧바로 빠르게 움직이기보다는 잠시 휴식을 취하며 새로운 날을 맞을 준비를 한다.

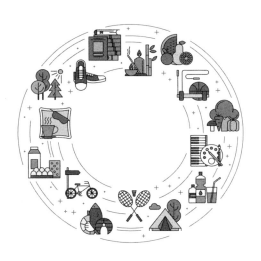

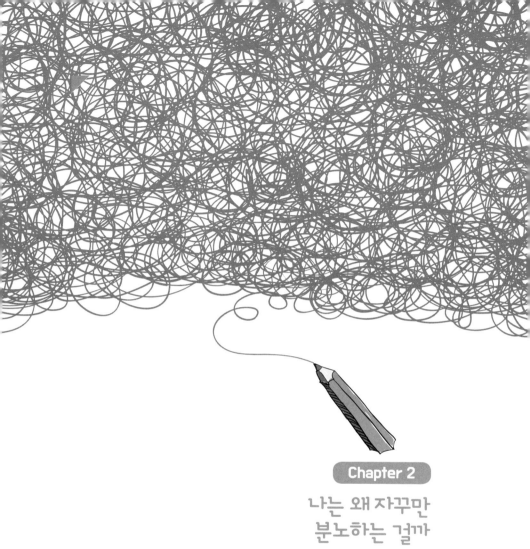

Chapter 2

나는 왜 자꾸만
분노하는 걸까

깊은 강물은 돌을 던져도 흙탕물이 되지 않는다.
모욕을 당했다고 해서 이내 욱하는 인간은
강도 아닌 조그만 웅덩이에 불과하다.
_ 레프 톨스토이

나는 왜 사소한 일에 분노하는가

짜증과 함께 까닭 모를 분노가 용암처럼 솟구칠 때가 있다.

세상 돌아가는 모든 일이 마음에 들지 않는다. 그러다 보니 별것 아닌 일에도 고함을 지르고, 죽일 듯이 노려본다.

피해자는 대개 우리와 비슷하거나 우리보다 약한 사람들이다. 가족이나 친구, 회사 동료나 후배 혹은 서비스업 종사자들이다.

이성을 잃은 듯 불같이 화를 내고 나면 후회가 밀려든다. 엉엉 소리내서 울고 싶을 정도로 참담한 심정이다.

김수영 시인의 〈고궁을 나오면서〉라는 시에는, 부당한 현실에 저항하지 못하고 조그만 일에만 분노하고 집착하는 소시민적 삶에 대한자기 환멸이 잘 드러나 있다. 전체 7연의 시 마지막 연에서 작가는 이렇게 탄식한다.

모래야 나는 얼마큼 작으냐
바람아 모래야 풀아 나는 얼마큼 작으냐
정말 얼마큼 작으냐

아무 이유 없이 분노하는 사람은 없다. 분노의 이면을 잘 들여다보면 숨겨진 원인이 있게 마련이다. 그것은 불의를 맞서지 못하는 데서 오는 자기 환멸, 미래에 대한 불안, 일이 뜻대로 풀리지 않는 데 대한 불만, 기대가 깨지면서 오는 실망감, 나는 할 수 없다는 데서 기인한 좌절감, 친구나 동료에 대한 열등감, 과도한 스트레스 같은 것일 가능성이 높다.

> 화났을 때는 아무것도 하지 마라. 하는 일마다 잘못될 것이다.
> _발타자르 그라시안

별것 아닌 일에도 짜증이 나고 까닭 모를 화가 솟구칠 때는 차라리 아무것도 하지 않는 편이 낫다. 오히려 상황만 악화시킬 뿐이다.

그렇다고 엉망진창이 된 기분을 방치해서도 안 된다. 그 기간이 길어질수록 벗어나기 어렵다. 그럴 때는 휴식을 취하면서 차분하게 자신의 감정 상태를 들여다볼 필요가 있다.

인간은 감정의 동물이다. 상황에 따라서 감정이 시시각각 변한다. 근래 들어서 화내는 빈도가 늘었다면 상황이 자신에게 불리하게 돌아가고 있다는 증거다. 분노하는 이유를 알아야만 해결책을 찾을 수 있고, 평상시 기분을 회복할 수 있다.

'가볍게 넘길 수 있는 일이었는데 왜 불같이 화를 낸 걸까?'

정확한 이유를 모르겠다면 혼자서 일인이역을 하며 대화를 해보라. 한 사람은 형사처럼 취조하듯 질문을 던지고, 한 사람은 목격자처럼 솔직하게 진술을 하는 식이다. 종이에다 기록하며 차분하게 생각을 정리해가다 보면 어렵잖게 원인을 발견할 수 있다.

"대체 뭐가 그렇게 마음에 안 들어서 화를 냈나요?"

"그냥 다 마음에 안 들어요."

"아침에 늦게 일어났다고 어머니에게 한소리 들어서 그래요?"

"그런 것도 있고…."

"2년 넘게 취업이 안되어서 그래요?"

"뭐 그렇기도 하고…."

"아, 세 달 전에 헤어진 여친 때문인가요? 뒤늦게 이별의 아픔이 밀려왔나요?"

"사실 그 영향이 제일 크죠. 그때는 몰랐는데 시간이 지나니까 자꾸만 생각이 나요. 뭔가 억울하기도 하고…."

혼자서 대화를 해보면 현재 자신의 상태와 그에 따른 감정 변화를 파악할 수 있다. 인간은 문제점을 발견하면 스스로 답을 찾아서 해결하려는 경향이 있다.

일단 인정할 것은 인정해야 한다. 그래야만 해결책을 찾으려고 움직이고, 현재 상황에서 벗어나기 위한 방법을 강구할 수 있다.

사소한 일에도 화가 치민다는 것은 적절한 대처법을 찾지 못했기 때문이다. 일단 대처법을 찾고 나면, 뇌의 총사령관이라고 할 수 있는 전두엽은 앞으로 해야 할 일에 집중하게 된다. 그러다 보면 응어리져 있던 분노가 눈처럼 녹아내리고, 한결 기분이 좋아진다.

도대체 나한테 왜 그래

세상 사람들은 공정을 외치지만 현실은 공정하지 않다.

시소도 수평을 정확히 맞추기 어려운데 인간의 일은 말해 무엇하랴. 그러다 보니 어떤 조직이든 희생자가 나오게 마련이다.

공정하지 못한 대우를 받으면, 개인의 가치관이나 정의감에 따라 차이가 있기는 하지만, 편도체를 둘러싼 감정 조절 회로가 활성화되면서 분노를 느끼게 된다.

"이것 좀 내일까지 부탁해요."

퇴근 시간이 다 됐는데, 과장이 다가오더니 서류철을 책상에 올려놓았다.

"네, 알겠습니다!"

그녀는 표정 하나 바꾸지 않고 평온한 목소리로 대답했지만, 속은 용암처럼 부글부글 끓어올랐다.

정신없이 일을 하다가 문득 돌아보니, 다들 퇴근하고 없었다. 시계를 보니 8시였다.

"나쁜 놈들!"

그녀는 부원들의 얼굴을 하나씩 떠올리며 욕설을 퍼부었다.

어느덧 입사 4년 차. 어렵사리 입사한 기업이라 처음부터 의욕적으로 일했다. 돌이켜보면 그게 문제였다.

"일 잘하네! 이것도 좀 부탁해."

처음에는 칭찬인 줄 알았다. 시간이 지나자 부원들은 골치 아픈 일거리를 그녀에게 떠넘겼고, 싫은 소리를 못하는 성격인 그녀는 그걸 순순히 받아서 하다 보니 자신도 모르는 사이에 워커홀릭이 되고야 말았다. 평상시에는 묵묵히 잘하다가도 문득, 부서 일을 혼자 떠맡고 있다는 생각이 들면 억울해서 견디기가 힘들었다.

"다들 지옥에나 떨어져라!"

그녀는 요즘 하루에도 몇 번씩 욕설을 퍼붓는다. 특히 퇴근 시간이 지나면 욕설을 입에 달고 살다시피 한다.

'부당한 대우를 받고 있다'거나 '공정하지 못하다'는 생각 자체가 분노를 유발한다. 이런 상황일수록 이성적으로 접근할 필요가 있다.

견디기 힘들 정도로 화가 나는 상황이라면 일단 분노를 가라앉혀

라. 제2장이 끝나는 곳에 '간단하게 분노를 다스리는 6가지 좋은 습관'이 수록되어 있다. 그중 자신에게 가장 효과적인 방법을 찾아서 분노를 조절하라.

흥분이 가라앉았다면 해결책을 모색하라.

하나, 상황 파악을 한다. 이러한 상황이 벌어진 정확한 이유를 객관적인 시선으로 파악할 필요가 있다. 어디서부터 잘못되었는지, 시발점을 찾아야 문제 해결이 용이해진다.

둘, 소통한다. 대화로써 문제를 해결하기 위한 노력을 기울인다. 충분히 소통할 수만 있다면 어느 정도는 문제를 바로잡을 수 있다.

셋, 거절한다. 감정을 내세워 거절하면 상대방도 감정적으로 나오게 마련이다. 거절할 때는 논리를 내세워야 한다. "죄송합니다. 제가 할 수 있으면 하겠지만 현실적으로 어렵습니다"라고 말한 뒤, 상대가 수긍할 만한 논리를 편다면 감정을 건드리지 않으면서도 거절할 수 있다.

넷, 타협한다. 부당한 대우를 받고 있다고 생각한다면 상대방 역시 그 점에 대해서 어느 정도는 부담을 안고 있게 마련이다. 적절한 타협안은 나뿐만 아니라 상대방의 마음도 가볍게 한다.

다섯, 긍정적인 마인드를 지닌다. 문제를 바로잡는 데 시간이 걸릴 수도 있다. 지금은 어쩔 수 없는 상황이라면 긍정적인 태도로 업무에 임하는 편이 정신 건강에 이롭다.

시간이 흐르면 상황도 자연스럽게 바뀌게 마련이다. 상황을 바꾸기 위한 개인적인 노력이 더해진다면 예상보다 빨리 문제를 해결할 수 있다.

자신이 부당한 대우를 받고 있음에도 저항하지 않는 데는 몇 가지 이유가 있다. 가장 큰 이유는 행여 상대방과의 관계가 틀어지거나 자신의 이미지가 훼손될지도 모른다는 두려움 때문이다.

하지만 정말로 두려워해야 할 것은 본인이 용기를 내지 못해서, 자신의 소중한 날들이 찬란한 빛을 잃어가고 있다는 사실이다.

> 무슨 일이 일어날지는 아무도 모른다. 중요한 것은 우리가 어떻게 대처하는가이다.
> _마야 안젤루

행복은 거저 주어지지 않는다. 그것은 자유나 평화처럼 끊임없는 투쟁을 통해서 스스로 쟁취하는 것이다.

좋은 기분을 유지하고 싶다면 분노만 터뜨릴 것이 아니라, 일상의 사소한 것들을 챙겨야 한다. 행복은 일상 속에 숨어 있다. 부당한 대우나 공정하지 못한 업무 분장 같은 불편한 상황으로 더 불행해지기 전에 바로잡아야 한다.

상황을 바꾸려는 작은 노력이 우리의 하루를 기분 좋게 만든다.

나는 왜 부원들에게 화를 내는 걸까

조직에서 독불장군은 점점 사라져가는 추세다. 제대로 된 리더십은 장수의 칼에서 나오는 것이 아니라, 부하들의 자발적 충성심에서 우러나온다는 사실을 다들 인식하고 있기 때문이다.

상사에게 책임감과 스트레스는 양날의 칼과 같다. 잘 다스리면 득이 되지만 자칫하면 독이 되어서 우리를 해친다.

"대체 일을 왜 그따위로 하는 거야?"

칸막이 너머에서 시작된 부장의 고함이 사무실에 울려 퍼졌다.

"쯧쯧 불쌍한 토견, 또 울부짖는군!"

과장이 중얼거리자 다른 부원들도 못 말린다는 듯이 일제히 고개를 절레절레 흔들었다. 개중에는 이를 드러낸 채 조소하는 부원도 있었다.

부장의 원래 별명은 '나충토견'이다. '나는 충신이라고 생각하지만 조만간 토사구팽이 될 개'의 줄임말이다. 처음에는 '토견'으로 불리다가 어느 날부터 '불쌍한 토견'으로 굳어졌다.

그 역시 자신의 분노조절장애에 대해서 부원들이 뒤에서 수군거린다는 사실을 모르지 않았다. 한 번은 술자리에서 다른 부서 직원으로부터 "부장님은 스트레스 풀려고 출근하죠?"라는 조롱 섞인 말까지 들은 터였다.

그도 처음부터 분노조절장애가 있었던 것은 아니다. 평직원 때는 안 그랬는데 직위가 위로 올라가면서 고함지르는 빈도가 잦아졌다. 상사는 그가 언성을 높여도 평소 열심히 일하는 걸 알아서인지 업무에 대한 욕심으로 받아들였다. 부원들을 밀어붙이다 보니 고함지르는 횟수가 점점 늘었고, 그러다 보니 자신도 모르는 사이에 습관처럼 굳어져버렸다.

부원들의 이직이 잦자 인사부장이 술자리에서 한마디 했다.

"아무리 요즘 애들이 인내심이 부족하다고 해도 자네 부서는 너무 심해. 실적도 좋지만 적당히 해. 그러다가 자네도 다쳐!"

그도 위기 상황임을 직감하고 있었다. 얼마 전 한 직원이 퇴사하면서 '직장 내 괴롭힘'으로 그를 신고했다. 내부 조사가 진행되었고, 사내 위원들의 투표에서 4대 3으로 간신히 이겨서 무혐의 처리되었지만 인사 고과에 좋을 리 없었다. 퇴사한 직원은 사내 조사 결과에 불복하고 고용노동부에 공소했다.

'어떻게 해야, 화를 다스릴 수 있을까? 아내 말대로 한약이라도 먹

어볼까?'

◇◆◇

직위가 올라갈수록 책임감도 커지고, 스트레스도 가중된다. 상사의 고충 중 하나는 화를 자제하기가 어렵다는 점이다.

사소한 일에도 화를 내는 상사는 대다수가 완벽주의자이거나 성취욕이 커서 업무에 대한 기준이 높다. 일단 스스로 기준을 낮추면 화를 낼 일은 현저히 줄어든다.

그럼에도 불구하고 화가 치밀 때는 의도적으로 말을 느리게 하면서 언성을 낮춰야 한다. 말을 느리게 하고 언성을 낮추자면 화가 빠르게 가라앉는다.

간혹 권위나 직위를 강조하기 위해서 화를 내는 상사도 있다. 이런 발상은 위험하다. 높은 직위에 있다고 스스로를 '갑'이라고 생각하고 있다면 '퇴물'로 변신해가는 중이다.

변화하는 조직에서 살아남고 싶다면 생각 자체를 바꿔야 한다. 관리자란 조직원들이 능력을 발휘할 수 있도록 도와주고, 동기를 부여하는 협력자일 뿐이다.

> 화를 내는 데 이유가 없을 수는 없으나 정당한 이유일 때는 드물다.
> _벤저민 프랭클린

부원들 때문에 화가 나는 상황이라면 이렇게 소리 내서 말해보자.

"그래, 아무래도 터줏대감인 나보다는 일이 서투를 수밖에 없어! 열 번이고 백 번이고 가르쳐주다 보면, 언젠가는 잘하겠지."

처음에는 다소 어색하겠지만 시간이 지날수록 점점 자신이 좋은 상사가 된 것 같아서 기분도 좋아진다.

가족이니까 나를 더 챙겨야지

가까운 사람은 우리를 기쁘게도 하지만 우리에게 더 큰 상처를 입히기도 한다.

깊은 정서적 유대감을 형성하고 있기 때문에 사소한 말 한마디에도 배신감을 느낀다. 기대감이 실망감으로 바뀔 때의 배신감은 쉽게 치유되지 않는다.

설날에 그녀는 남편과 함께 친정에 들렀다. 결혼한 지 3년이 지났지만 친정은 조금도 바뀐 게 없었다. 시댁에 있을 때와는 달리 익숙함이 주는 편안함에 그녀는 모처럼 숨통이 트였다.

오랜만에 모인 가족이 둘러앉아 저녁 식사를 할 때까지만 해도 기분이 좋았다. 반주 삼아 시작한 술자리가 길어지면서 또다시 문제가 발생했다.

"큰애는 심부름도 잘했고 공부도 잘했어. 근데 작은애는 천방지축이었지. 아침에 가게에서 뭐 좀 사오라고 심부름을 시키면 친구들하고 놀다가 밤이 깊어서야 어슬렁거리며 들어왔다니까. 어쩌다 책상 앞에 앉아 있기에 공부하나 싶어서 들여다보면, 시끄러운 음악을 틀어놓고 만화책을 보고 있곤 했지. 학생인지 노래미인지 대체 분간할 수가 없더라고!"

"아, 그랬어요? 착하고 성실한 제 아내가 그랬다니 도저히 상상이 안 되네요."

"자네는 우리 가문의 은인일세. 처치 곤란했던 저 아이를 데려가줬으니!"

아버지는 매번 명절 때면 하지 않아도 될 말을 늘어놓으며 그녀의 기분을 망쳤다. 물론 그녀를 비난하기 위함이 아니라 술자리에서 하는 농담이라는 것은 알지만 곰곰이 생각할수록 분노가 솟구쳤다.

상경하는 차 안에서 남편이 장난 가득한 눈빛으로 물었다.

"당신은 도대체 어떤 삶을 살았던 거야?"

"뭘 어떤 삶을 살아! 대체 당신이 알고 싶은 게 뭔데?"

그녀는 순간적으로 치밀어 오르는 화를 삭이지 못하고 버럭 고함을 질렀다. 남편은 당황해서 변명을 늘어놓았지만 그럴수록 더 화가 치밀었다.

'아빠가 어떻게 나한테 이럴 수 있어? 가족이니까 나를 더 챙겨야 하는 거 아냐?'

◇◆◇

눈에는 보이지 않지만 인간은 누구나 사회적 지위를 지니고 있다. 개인적인 비난이나 모욕을 당하면, 사회적 지위에 위협을 느껴서 상처 입고 동시에 분노하게 마련이다. 상대가 가까운 사이일수록 분노지수는 상승한다.

일종의 공격을 받은 상태이므로 화가 나는 것은 당연하다. 자신의 감정 상태를 부정하지 말고, 일단 화가 났다는 사실을 인정하고 수용해야만 해결책을 찾을 수 있다.

첫째, 화를 가라앉힌다. 분노가 계속 가지를 쳐나가며 확산되는 것을 막아야 한다. 명상을 하거나 음악을 들으면 감정 조절에 도움이 된다.

둘째, 자신의 가치를 확인한다. 자기효능감이 높을수록 문제를 바로잡고, 해결할 가능성 또한 높아진다.

셋째, 전략적으로 접근해서 문제를 해결한다. 자신을 비난하거나 모욕한 상대방과의 진솔한 대화를 통해서 같은 상황이 재발하지 않도록 방지하는 것이 최선책이다. 그러나 상대방에게 자신의 호소가 먹히지 않는다고 판단되면 다른 사람과 협력할 필요가 있다.

위의 경우라면 남편이나 어머니를 앞세워, 같은 상황이 재발하지 않도록 아버지와 대화를 통해서 문제를 해결할 수 있다.

> 모든 행복한 가족은 서로 닮은 데가 많다. 그러나 모든 불행한 가족은 그들만의 독
> 특한 방법으로 불행하다.
>
> _레프 톨스토이

가족은 상처를 치유해주기도 하지만 때로는 돌이킬 수 없는 상처를 입히기도 한다. 가족은 인생의 출발점이어서, 평상시 기분을 좌지우지한다. 가족과 불화가 생기면 그 누구도 완전한 행복을 누릴 수 없다.

가장 좋은 방법은 분쟁이 아닌 화해이다. 가족은 서로가 서로를 이해할 수 있는 반석 위에 세워져 있기에 대화를 통해서 해결하는 것이 바람직하다.

여러 방법을 시도했음에도 불구하고 문제가 해결되지 않을 때는 심리적으로 거리를 둘 필요가 있다. 심리적 거리 두기만으로도 분노를 조절하고 기분을 전환할 수 있다.

정말 해도 너무하네

인간은 기대감을 안고서 세상을 살아간다. 기대했던 만큼의 결과가 나올 때도 있지만 기대에 미치지 못하는 경우가 태반이고, 가끔은 기대가 와르르 허물어지며 실망감 내지는 배신감으로 바뀌기도 한다. 그럴 때 인간은 참을 수 없는 분노를 느낀다.

그는 화가 나서 견딜 수가 없었다. 당연하다고 생각했던 승진에서 또다시 탈락했기 때문이다.

'제기랄! 부장이 어떻게 나한테 이럴 수 있지?'

작년에는 부장이 아끼는 직원에게 인사 고과를 몰아주는 바람에 승진 심사에서 탈락했다. 올해는 부장이 했던 약속도 있고, 맡은 업무도 잘 해내서 당연히 승진할 줄 알았는데 또 탈락한 것이다.

"미안하게 됐다. 나도 자네가 승진할 줄 알았는데, 실적이 안 좋다 보니 승진 인원을 축소했더라고."

부장이 변명 아닌 변명을 늘어놓았다. 그는 치미는 화를 가라앉히기 위해서 두 주먹을 불끈 말아 쥐었다.

'나쁜 자식! 더러운 일은 나한테 다 시키고, 인사 고과를 그따위로 줘?'

성질 같아서는 한 대 갈긴 뒤 사표를 내던지고 싶었지만, 성질대로 살 수는 없는 노릇이었다. 승진으로 기뻐할 입사 동기들과 실망할 아내를 생각하니 절로 한숨이 나왔다.

조직 생활을 하다 보면 개인의 아픔이나 슬픔 따위는 무시당하거나 묻히기 십상이다. 그러다 보니 개인의 감정을 드러내는 일조차 쉽지 않다.

기대가 실망으로 바뀌면서 분노가 치밀 때는 생각뿐만 아니라 몸도 경직되게 마련이다. 일단 스트레칭으로 경직된 신체를 풀어주고, 깊게 숨을 내쉬면서 호흡을 조절하노라면 사고도 한층 유연해진다.

올해 승진에 누락됐다면 내년에도 누락될 수 있다. '내년에는 반드시 되겠지!'라고 막연한 기대감을 품을 것이 아니라, 적절한 대처법을 찾는 쪽이 뇌 건강에도 이롭다. 1년 내내 승진에서 또 탈락할지 모른다는 불안감에 시달릴 수는 없지 않는가.

첫째, 승진 누락 이유를 파악한다. 승진에 결정적인 영향력을 지닌

분과의 대화를 통해서 이유를 알고 나면 적절한 대책을 세울 수 있다.

둘째, 승진 대상자와의 경쟁에서 우위를 점하기 위한 자기 계발을 한다. 대다수의 조직이 피라미드 형태이므로 직위가 위로 올라갈수록 승진 경쟁도 치열해지게 마련이다. 경쟁력을 지녀야만 승진에서 유리한 고지를 점할 수 있다.

셋째, 인사 고과에 유리한 업무를 맡는다. 부서별로 중요한 업무가 있게 마련이다. 업무 분장할 때, 이미 맡은 일이 많더라도 혹은 새로운 일이 난도가 높을지라도 중요하다고 판단되면 자청해서 맡는다. 긍정적으로 생각하면 경험도 쌓고, 인사 고과에도 유리하니 일석이조다.

넷째, 적절한 자기 홍보를 한다. 이상적인 직장은 일한 만큼 대접받는 곳이다. 그러나 인간은 망각의 동물이다. 우리가 한 해 동안 열심히 일했더라도 상사가 까맣게 잊는다거나 대수롭지 않게 여길지 모른다.

한 해 동안 열심히 일했다면 승진 대상자가 결정되기 전에, 상사와 사적인 자리를 마련해서 자신의 업적을 홍보할 필요가 있다. '우는 아이에게 떡 하나 더 준다'는 속담처럼 때로는 간절함을 어필해야만 원하는 것을 손에 넣을 수 있다.

> 분노는 위대한 인간의 한계를 극도로 제한한다.
> _마하트마 간디

분노만으로 해결할 수 있는 것은 아무것도 없다. 분노한 상태라면 일단 화를 가라앉혀야 적절한 해결책을 찾을 수 있다.

멋진 인생을 사는 사람들은 항상 입가에 미소를 머금고 있다. 그들인들 왜 화나는 일이 없겠는가. 단지 화를 다스려서 평상심을 유지하는 좋은 습관을 지니고 있을 뿐이다.

06

누구를 바보로 아는 거야

인간은 누구나 사소한 거짓말을 하고 살아간다. 그러나 거짓말은 신뢰와 믿음을 깨기 때문에 대인 관계에서는 치명적이다.

거짓말은 상대방의 자존감을 떨어뜨리고 신뢰로 구축된 관계를 흔들기 때문에 불안과 함께 분노를 유발한다.

그녀는 친구를 만났다가 남편의 거짓말을 알아챘다.

"이틀 전에 마포 고깃집에 갔다가 네 남편을 봤어. 남자 둘에 여자 하나로 셋이서 술 마시고 있더라."

이틀 전이라면 남편이 친구 모친 상갓집에 갔다가 자정쯤에야 들어온 날이었다. 여자와 함께 술을 마시려고 거짓말을 했다는 생각이 들자 화가 치밀었다.

"확실히 우리 그이야?"

"내가 그럴 줄 알고 사진을 찍어놨지."

친구는 스마트폰으로 찍은 사진을 몇 장 보여주었다. 얼굴은 차치하고서라도 양복과 넥타이를 보니 남편이 분명했다.

'보자 보자 하니까 정말 별짓을 다하네!'

그녀는 남편이 귀가하자 사진을 보여주며 이틀 전 일을 추궁했다.

"친구 약혼녀야. 친구가 모처럼 술이나 한잔하자고 해서 나갔더니 약혼녀와 함께 있더라고."

"아무 관계도 아니라면, 왜 상갓집에 간다고 거짓말을 했어?"

"당신이 괜한 오해를 할까 봐 그런 거야. 나도 그날 처음 본 여자라니까!"

"거짓말을 밥 먹듯이 하는데 당신 말을 어떻게 믿어? 남자 둘에 여자 하나니까 당신과 관계 있는 여자일 가능성이 50퍼센트야!"

"우와, 그건 또 무슨 기적의 논리냐? 난 유부남이야. 당신 남편이라고. 대체 말이 되는 소리를 해야지!"

"누굴 바보로 알아? 찔리는 게 있으니까 거짓말을 한 거 아냐!"

그녀가 버럭 고함을 지르자 남편이 억울해하는 표정을 지으며 다시금 변명을 늘어놓았다. 그녀는 더 이상 듣고 싶지 않아서 안방으로 들어가며 문을 쾅 닫았다.

머릿속이 타는 것만 같았다. 참을 수 없는 분노가 활화산처럼 솟구쳐서 잠시도 한자리에 머물 수가 없었다.

◇◆◇

　거짓말도 일종의 습관이다. 세세하게 설명하기 귀찮다는 이유로 거짓말을 밥 먹듯이 하는 사람은 언젠가는 반드시 곤경에 처한다.

　부득이한 경우가 아니라면 거짓말을 하지 않겠다는 다짐이 평상시 기분을 다스리는 데 여러모로 도움이 된다.

　상대방의 거짓말 때문에 몹시 화가 나 있는 상황이라면 화를 가라앉히는 것이 급선무다. 자신에게 잘 맞는 방법을 통해서 화를 가라앉힌 뒤에 적절한 대처법을 찾아야 한다.

　하나, 자기 자존감을 회복한다. 자존감이 떨어진 상태에서 대화를 시도하면 자꾸만 부정적인 생각이 들어서 사건의 본질로부터 멀어지게 된다. 운동이나 취미 생활 등은 자기효능감을 높여줘서, 단시간에 자존감을 회복할 수 있다.

　둘, 감정을 표현한다. 상대방의 거짓말 때문에 얼마나 화가 나 있는 상태인지를 주지시킬 필요가 있다. 거짓말로 인한 실망감과 그로 인한 불안감을 정확히 전달해야만 문제의 심각성을 깨닫고, 함께 해결책을 모색할 수 있다.

　셋, 상대방의 말을 경청한다. 무슨 말을 해도 변명이라고 몰아붙이지 말고, 상대방의 입장에서 거짓말을 할 수밖에 없었던 이유를 들어본다. 거짓말은 자기 자신을 지키기 위한 수단으로 사용되는 게 일반적이다. 사소한 실수도 용납하지 않거나 지나치게 자유를 제한할 경우 거짓말을 하게 된다.

　넷, 적절한 대책을 마련한다. 상대방이 거짓말을 할 수밖에 없었던 상황이라면 같은 일이 반복되지 않도록 대책을 세운다. 신뢰와 믿음의 중요성을 서로가 상기하면서 이성적으로 대화를 나누다 보면 어렵지 않게 대책을 마련할 수 있다.

> 분노는 참으로 기묘한 감정이다. 그것은 내부에 담겨 있는 거짓말을 보여준다.
> _로버트 린드

방귀 뀐 놈이 성낸다는 속담처럼 인간은 종종 나 자신을 속이거나 거짓말을 감추기 위해서 분노한다.

거짓말로 인한 분쟁을 해소하기 위해서는 우선 나는 물론이고 상대방도 분노를 가라앉혀야 한다. 분노한 상태에서는 서로에 대한 비방전으로 이어질 가능성이 높아서, 문제를 해결하는 것이 아니라 오히려 상황을 악화시킬 뿐이다.

이성적인 상태여야만 상대방이 처했던 상황이나 마음을 공감할 수 있다. 그래야 서로가 진실을 털어놓을 수 있고, 거짓말로 악화된 관계를 회복할 수 있다.

기분은 관계에 의해서 좌지우지된다. 관계가 굳건해야만 비로소 좋은 기분 속에서 쾌적한 날들을 보낼 수 있다.

내가 만만하지

인간은 자존심이 손상되었을 때 분노한다.

일이 뜻대로 풀리지 않으면 다른 사람을 볼 낯도 없고, 자존심도 상한다. 평소에는 부처 같던 사람도 이런 상황에서는 별것 아닌 일로 분노를 터뜨린다. 동쪽에서 뺨 맞고 서쪽에서 화풀이하는 격이다.

"이 사람이 먼저 보복 운전을 했다니까요!"

"차량을 파손한 건 당신이잖아!"

사건의 발단은 그가 사거리에서 신호를 뒤늦게 보고 급브레이크를 밟은 데서부터 시작됐다. 뒤에 오던 차량이 하마터면 부딪칠 뻔했고, 화가 치민 운전자는 그의 차량을 앞질러 가는가 싶더니 도로 한복판에서 수시로 급브레이크를 밟았다.

가까스로 충돌은 피했지만 같은 상황이 반복되자 눈이 뒤집히면서 화가 머리끝까지 치밀었다.

"내가 만만하지?"

신호등이 바뀌면서 앞차가 멈춰 섰다. 차에서 내린 그는 냅다 달려가서는 앞차의 사이드미러를 발로 걷어찼다. 떨어져 나간 사이드미러가 도로 한복판에 나뒹굴었다.

그러자 운전자가 내렸고, 멱살잡이로 이어졌다. 도로 한복판에서 시비가 붙자 경찰차가 왔다. 경찰서로 끌려온 그는 뒤늦게 후회했지만 이미 엎질러진 물이었다.

돌이켜보면 사실 그렇게 화낼 일도 아니었다. 세상이란 다양한 성격을 지닌 여러 부류의 사람이 살아가기 때문에 그 어떤 일도 벌어질 수 있다. 평상시 같았으면 대수롭지 않게 여기고 넘어갔으리라.

그가 분노한 진짜 이유는 최근 그의 사업이 위기에 몰려 있었기 때문이다. 상황을 통제할 수 없어서 화가 난 상태였는데, 보복 운전이 격발점이 된 것이다.

불운이나 행운은 참새 떼처럼 몰려다니는 경향이 있다. 불운이 불운을 부르고 행운이 행운을 부른다. 나쁜 기분이 불운을 부르고, 좋은 기분이 행운을 부른다. 기분을 다스리는 좋은 습관을 길러야 하는 이유도 이 때문이다.

세상일이 내 뜻대로 흘러가지 않을 때는 긴 안목으로 접근할 필요가 있다. 혹독한 겨울이 찾아와서 강물이 꽁꽁 얼어붙어버렸다 해도 때가 되면 녹아내리게 마련이다.

상황을 통제할 수 없어서 분노한 상황이라면 눈앞의 불운이 다른 불운을 불러들이지 않도록 분노부터 다스려야 한다. 자제의 끈을 놓아버리면 돈이나 명예는 물론, 가족이나 친구마저 잃게 된다.

일단 분노를 다스렸다면 삶의 통제권을 되찾아야 한다.

첫째, 자기효능감을 회복한다. 비록 추진해왔던 일이 실패로 끝날지라도 자기효능감을 잃어서는 안 된다. 거울 앞에서 자신의 눈을 똑바로 바라보며 이렇게 말하라.

"괜찮아! 위기를 슬기롭게 넘기면 기회가 다시 찾아올 거야!"

긍정적인 말을 되뇌다 보면 스스로에 대한 신뢰와 함께 자신감도 회복된다.

둘째, 할 수 있는 일을 찾아서 한다. 앞이 깜깜하고 미래가 보이지 않을 때는 눈앞의 일에 집중할 필요가 있다. 한 가지 일에 집중하다 보면 감정을 조절할 수 있고, 상황을 통제하려면 무엇을 해야 할지를 깨닫게 된다.

셋째, 삶의 통제권을 되찾는다. 발버둥 쳐도 소용없다는 생각이 들면, 모든 일에서 손을 놓은 채 방관하게 된다. 하지만 최악의 상황에서도 새로운 계획은 세울 수 있다. 그것이 어떤 계획이든지 일단 계획을 세우고 나면 해야 할 일이 생겨서 삶의 통제권을 되찾을 수 있다.

> 통제 없는 분노는 수없이 많은 손해를 초래할 수 있다.
>
> _데모크리토스

화가 치민다고 감정 표출을 용기로 착각해서는 안 된다. 그것은 절제력 부족에서 오는 만용이요, 객기일 뿐이다.

감정을 잘 다스리려면 행운을 움켜쥘 줄도 알아야 하지만 불운을 받아들일 줄도 알아야 한다. 지혜로운 사람은 불운은 크기를 줄여서 받아들이고, 행운은 크기를 키워서 받아들인다.

08

제발 나를 가만히 놔둬

인간은 저마다 콤플렉스를 안고 살아간다. 콤플렉스를 건드렸을 때 분노가 폭발한다.

콤플렉스는 정신적 결함으로, 개인 성장 과정의 체험 및 경험에서 비롯된다. 콤플렉스를 건드릴 경우 자기 방어기제가 발동해서 방어에 나서거나 회피를 선택한다.

분노는 부정적 감정으로써 자기 방어기제의 일종이다.

◇◆◇

"부친은 무슨 일 하세요?"

"면접하는데 아빠가 무슨 상관이에요? 아빠가 사장이면 합격이고, 아빠 없는 자식이면 불합격인가요? 왜 그딴 걸 물어서 사람 열 받게 해요!"

그녀가 버럭 화를 내자 면접관이 황당한 표정으로 멍하니 바라보았다. 뒤늦게 그녀는 자신이 과민하게 반응했다는 사실을 깨달았지만 이미 엎질러진 물이었다. 그녀는 자리를 박차고 면접장을 나섰다.

사실 그녀는 아버지에 관련해 콤플렉스를 지니고 있었다. 몸이 허약했던 어머니는 그녀를 낳던 해에 세상을 떠났다. 그녀는 아버지의 극진한 사랑을 받으며 자랐다. 사춘기가 되자 어머니의 빈자리를 채워야 한다는 생각이 들었고, 그와 동시에 아버지의 기대에 부응하지 못할지도 모른다는 두려움이 밀려들었다.

그녀의 예감은 현실이 됐다. 고등학교 때의 방황으로 그녀는 대학 입시에 실패했다. 수능 성적표를 들여다보던 아버지의 실망한 표정을 좀처럼 잊을 수가 없었다.

'반드시 성공해서, 아빠의 자랑스러운 딸이 될 거야!'

고등학교를 졸업하고 인터넷 쇼핑몰 업체에 취직했다. 3년 남짓 일을 배운 뒤 독립해서 인터넷 쇼핑몰을 차렸다. 아버지 돈까지 끌어다 썼지만 결국 실패로 끝났다.

아버지를 볼 낯이 없었다. 그녀는 아예 집을 나와서 친구 집에서 지냈다. 게임에 푹 빠져 지내는 사이, 아버지가 지병으로 숨을 거두었다. 장례는 친척들이 치렀다. 뒤늦게 그 사실을 안 그녀는 자책과 후회로 가슴이 터질 것만 같았다.

'살아계실 때 좀 더 잘해드렸어야 했는데….'

거리를 하염없이 걷다 보니 면접관의 얼굴이 떠올랐다. 순간, 참기 힘든 분노가 머릿속을 후끈 달구었다.

"왜 사생활을 캐묻는 거야? 제발 나를 가만히 놔두라고!"

자기 방어기제로 작용할 때의 분노는 지극히 사적이다. 때로는 갑자기 왜 화를 내는지, 상대방으로서는 그 이유를 짐작하기조차 어렵다.

일단 분노를 가라앉혀야 한다. 호흡에 집중하거나 자신의 감정 상태를 알아채면 분노 조절에 도움이 된다.

첫째, 분노를 초기에 진압한다. 누군가 콤플렉스를 자극해서 분노할 경우, 2차 분노로 이어질 가능성이 높다. 자신만의 노하우를 발휘해서 분노가 확산되는 것을 막아야 한다.

둘째, 객관적으로 상황을 파악한다. 분노의 이유를 알고 있는 당사자로서는 분노의 표출을 당연하게 여길 수 있다. 그러나 상대방으로서는 설명을 듣지 않는 한 그 이유를 알 수 없다.

'내가 그렇게까지 화낼 일인가?'

객관적인 시선으로 상황을 파악할 필요가 있다. 그래야만 상황 수습이 용이하다.

셋째, 이미지 트레이닝으로 분노를 예방한다. 자신의 콤플렉스를 알고 있다면, 누군가 콤플렉스를 자극했을 때를 상상하며, 다양한 상황에서 이미지 트레이닝을 해본다.

대개 분노는 일시적이어서, 예상하지 못했던 상황에서 터져 나오게 마련이다. 그런데 막상 상상해왔거나 예상했던 일들이 현실이 된다면 담담하게 넘길 수 있다.

> 당신의 가장 큰 적은 당신이 아니다. 당신의 가장 큰 적은 당신의 **콤플렉스**이다.
>
> _윌리엄 버틀러 예이츠

인간은 수많은 세포와 감정의 집합체이다. 콤플렉스는 좋은 기분을 망치는 주된 요인 중 하나이다.

사실 우리가 콤플렉스에서 쉽게 벗어나지 못하는 이유는 수시로 돋보기를 들이대고 들여다보기 때문이다. 잊고 살 수 있다면 잊고 살고, 잊을 수가 없다면 있는 크기 그대로 인정하고 받아들여야 한다.

세상에 완벽한 사람이 어디 있겠는가? 세상에는 비참하고 참혹한 일들도 빈번하게 일어나는데, 콤플렉스는 그것들 대신 주어진 신의 선물이 아닐까?

긍정적인 마인드는 무거운 마음을 가볍게 한다. 어차피 바뀔 수 없는 상황이라면 긍정적으로 해석하고 받아들여라. 한결 기분이 나아진다.

주말에는 나도 쉴 자유가 있어

개인의 권리나 자유를 침해당했다고 느낄 때 우리는 분노한다.

미국독립혁명, 프랑스혁명, 인도독립운동도 이로부터 시작되었고, 한국의 민주화 운동도 출발점은 별반 다르지 않다.

부부 싸움도 권리나 자유를 확보하기 위해서 시작되었다가 서로가 분노 조절에 실패해서 크게 번지는 경우가 대부분이다.

"여보, 일요일마다 꼭 골프 가야 해? 한 달에 두 번만 애 좀 봐주면 안돼?"

"자기야, 나도 그러고 싶지만 놀러 가는 게 아니라 바이어 접대야. 일이라고!"

"당신만 일하는 게 아니잖아! 직장 다니며 애 키우는 게 보통 일인

줄 알아?”

“누가 들으면 당신 혼자 애 키우는 줄 알겠다! 토요일에는 마트에서 장도 봐 오고, 집 청소도 하고, 애 목욕도 시키잖아?”

“그건 같이하는 거잖아! 그럼 당신이 토요일에 장도 봐 오고, 집안일도 하고, 아이도 봐. 나는 토요일에 쉴 테니까!”

“그럼 나는 언제 쉬고!”

그가 참지 못하고 버럭 고함을 질렀다.

“일요일에 쉬잖아!”

그녀도 더 이상은 물러설 수 없다는 생각에 맞고함을 질렀다.

“바이어 접대가 쉬는 거야? 그건 일이라고!”

“그게 정말 일인지, 당신이 좋아서 가는 건지 내가 알 게 뭐야? 아무튼 나도 더 이상은 양보 못 해! 토요일에 집안일을 도맡아 하든지, 한 달에 두 번만 골프 가든지 둘 중 하나를 택해.”

“내 숨통을 꼭 그렇게 조여야겠어? 나는 뭐 좋아서 주말마다 나가는 줄 알아?”

“몰라! 주말에는 나도 쉴 자유가 있어.”

“당신이 이렇게 이기적인 사람인 줄 몰랐어! 진작 알았더라면….”

말이 더 이상 통하지 않자 그는 화가 치밀었다. 살아오면서 느꼈던 섭섭한 일들이 밀물처럼 동시에 밀려들었다.

“말이면 다 말인 줄 알아? 진짜 이기적인 사람이 누군데, 누구더러 이기적이래?”

그녀는 죽일 듯이 그를 바라보았다. 더 이상 물러서면 벼랑 끝이라는 생각이 들었고, 분노가 횃불처럼 활활 타올랐다.

◇◆◇

개인의 자유나 권리가 침해당하면 자신의 존엄성이 훼손되었다는 생각에 감정적으로 불안해진다. 사회적 공정성에도 어긋날 뿐 아니라 자신의 가치관에도 맞지 않으므로 분노하게 된다.

분노는 부정적인 감정이다. 그렇다고 해서 분노가 무조건 나쁜 것만은 아니다. 분노는 불의와 맞서 싸울 수 있는 용기를 불러일으킨다.

이런 상황에서의 분노는 생존과 밀접한 연관관계가 있다. 진화 과정을 거쳐왔으므로, 통제만 할 수 있다면 긍정적인 결과를 얻을 수 있다.

분노로 인한 공격적인 행동은 상황을 악화시킬 뿐, 문제 해결에 도움이 되지 않는다. 분노를 느꼈을 때 적절히 통제해가면서 전략적으로 접근해야 한다.

첫째, 문제에만 집중해서 대화로 해결한다. 화가 난 상태에서는 싸움의 발단이 된 문제에만 집중하는 것이 아니라 그동안의 섭섭함이 분출되면서 꼬리에 꼬리를 무는 비방전으로 이어지기 쉽다. 자신의 입장만 내세울 것이 아니라, 공감하겠다는 자세로 상대방의 의견을 충분히 경청할 필요가 있다.

둘째, 타협점을 찾는다. 상황을 충분히 분석한 뒤, 서로의 요구사항을 조율해간다. 이때는 서로가 한 발짝씩 양보한다는 마음으로 타협점을 찾으려는 노력을 기울여야 한다.

셋째, 중재자의 도움을 받는다. 서로의 의견이 팽팽히 맞설 때는 중재자의 도움을 받아야 한다. 서로가 신뢰할 수 있고, 객관적인 시선으로 현명한 판단을 내릴 수 있는 사람을 중재자로 선정한다. 중재자를 선정할 때는 어떤 결과가 나오더라도 겸허히 수용하겠다고 사전에 서약한다.

> 분노는 적극적인 행동의 원동력이 될 수 있으며, 통제만 제대로 한다면 인생을 개선하는 방법 중 하나이다.
>
> _마크 트웨인

분노조절장애를 앓았던 마크 트웨인은 분노를 다스리는 과정에서 분노의 긍정적인 측면을 발견했다.

분노조절장애를 앓으면 과도한 스트레스로 긴장 상태에 놓인다. 작은 일에도 예민하게 반응하기 때문에 불안해지면서 울적한 기분에 사로잡힌다.

즐거운 인생을 살고 싶다면 어떤 식으로든 분노를 다스려야 한다. 삶의 질은 평상시 어떤 기분으로 살아가느냐에 따라서 완전히 달라진다.

● 간단하게 분노를 다스리는 6가지 좋은 습관

1. 호흡하기

깊게 들이마시고 천천히 내쉬는 호흡 운동은 심호흡을 통해서 체내 산소 농도를 높여 혈압을 낮춘다. 이러한 호흡 운동은 자율신경계의 균형을 유지하면서 뇌파를 진정시켜, 분노를 가라앉히는 데 도움이 된다. 또한 뇌의 부정적인 감정을 조절하는 부위는 억제하고, 긍정적인 감정을 조절하는 부위는 활성화해서 기분 전환에도 도움이 된다.

▶ 따라 하기 ▶ 복식호흡법

▼ 편한 자세를 취한다. 의자나 바닥에 앉거나, 반듯하게 누워서 한다.

▼ 코로 천천히 숨을 들이쉰다. 이때 의식은 잡념에 시달리지 않도록 호흡에만 집중한다. 가슴이 확장되는 느낌이 들 때까지 2초 정도 천천히 들이쉰다.

▼ 숨을 잠시 멈춘다. 2초 정도가 일반적이지만 자신의 컨디션과 몸 상태에 따라서 변화를 줘도 무방하다.

▼ 2초 정도에 걸쳐서 천천히 숨을 내쉰다.

▼ 숨을 다 내쉬었으면 잠시 멈춘다. 이때도 2초 정도가 일반적이다. 하지만 자신의 컨디션과 몸 상태에 따라서 변화를 줘도 무방하다.

▼ 이를 10회 정도 반복한다.

2 숫자 세기

욱하고 분노가 치밀 때 단시간에 분노를 조절하는 효과적인 방법 중 하나로 '숫자 세기'가 있다.

분노는 신경과학적 관점에서 보면 짧은 시간 동안에 일어난다. 분노가 치밀었을 때 숫자를 세기 시작하면, 분노에 집중되기 쉬운 의식을 분산시키는 효과가 있어서 시간이 지날수록 점점 사그라진다.

또한 숫자를 세면 호흡은 안정을 찾고 심박수가 떨어지고, 도파민과 세로토닌 같은 신경전달물질이 분비되어서 분노를 다스리는 데 도움이 된다.

▶ 따라 하기 ▶ 숫자 세기

▼ 의자에 앉거나 멈춰 선 자세에서 눈을 감는다. 숨을 길게 내쉰 뒤, 천천히 숨을 들이마신다.

▼ 숫자를 1부터 10까지 센다. 숫자는 입 밖으로 소리 내지 않고 마음속으로 센다. 손가락을 꼽아가면서 세지 말고, 숫자를 시각적으로 떠올리면서 천천히 센다.

▼ 10까지 다 세었으면 다시 1부터 같은 방식으로 센다.

▼ 분노조절장애가 있다면 평소 숫자 세기를 연습해서 습관화한다.

습관이 되면 분노가 치미는 상황에서 신속하게 대처할 수 있다.

▼ 숫자를 세면서 분노의 원인과 그에 대한 해결책을 모색한다. 미리 원인을 파악하고 해결책을 마련해놓으면 분노를 조절하기 용이해진다.

3. 거울 보기

거울을 보면 뇌의 전두엽피질 부위가 활성화되는데, 이 부위는 자아를 인식하고 감정을 조절하는 중요한 역할을 한다. 따라서 분노했을 때 거울을 보면 타인에 눈에 비친 자신의 모습을 볼 수 있어서, 분노 조절이 가능하다. 또한 거울에 비친 모습을 보며 자신이 했던 말과 행동을 돌아볼 수 있어서, 반성 효과도 있다.

▶ 따라 하기 ▶ 거울 보기

▼ 숨을 깊게 들이마셨다가 천천히 내쉬면서 몸과 마음을 안정되게 한다.

▼ 객관적인 시선으로 거울 속의 나를 유심히 바라본다. 얼굴 표정, 몸의 자세, 숨소리, 눈동자의 크기 등을 관찰한다.

▼ 내가 느끼고 있는 감정을 인식하면서, 그 감정에 대해서 생각해 본다.

▼ 거울을 보면서 분노가 가라앉았을 때의 평온한 표정과 얼굴을 구체적으로 상상한다.

▼ 미소를 짓는다.

4. 차가운 물에 손 씻기

인간은 분노할 때 감정적으로 긴장하게 되는데, 이때 육체도 함께 긴장 상태에 놓인다. 차가운 물에 손을 담그면 혈관이 수축해서 혈액 순환이 느려지므로, 혈압과 함께 신체 온도가 낮아진다. 중추신경계에서는 감마아미노뷰티르산이 분비되어서, 육체의 긴장이 완화됨과 동시에 분노가 점차 사그라진다. 또한 차가운 물에 손을 담그면 비강 부위에 있는 냄새를 감지하는 신경 세포가 자극을 받아 진정의 효과가 있다.

▶ 따라 하기 ▶ 차가운 물에 손 씻기

▼ 물에 손을 적신 뒤, 손목을 먼저 씻는다.

▼ 비누로 손바닥, 손가락 사이, 손가락 끝마디, 손등을 꼼꼼히 씻는다.

▼ 20초 이상 손을 문지른다.

▼ 분노가 다소 가라앉았으면 찬물로 세수하며 기분을 전환한다.

5. 긍정 마인드 지니기

평소 긍정 마인드를 지니면 전두엽에서는 집중력과 인지력을 높이고 감정을 조절하는 베타파, 정보를 기억하고 처리하는 감마파가 증가한다. 따라서 뇌의 상태가 활발해지면서 집중력이 높아진다. 즉, 긍정 마인드는 분노를 줄여주고 스트레스를 완화해, 쾌적한 삶을 살아가는 데 도움을 준다.

전두엽과 해마에서는 신경세포가 생성된다. 정기적인 명상, 규칙적인 운동, 건강한 식습관, 긍정적인 사고 등을 꾸준히 할 경우 뇌의 능력을 개선할 수 있다. 이와 더불어 감정 조절이 한결 용이해지며, 기억력과 학습 능력 향상에도 도움이 된다.

▶ 따라 하기 ▶ 감사하기, 칭찬하기, 밝게 표현하기

▼ 감사 일기 쓰기: 잠들기 전에 잠시 시간을 내서, 오늘 하루를 살면서 감사했던 일 세 가지를 적어보자. 왜 감사한지에 대한 이유까지 구체적으로 적다 보면 살아가면서 정말로 감사할 일이 많아진다.

▼ 세 번 칭찬하기: 칭찬을 일상화해서 매일 세 번씩 칭찬하자. 두 번은 타인에게 하고, 한 번은 오늘도 열심히 산 나에게 하자. 칭찬은 밭에 씨앗을 뿌리는 것과 같다. 때가 되면 어떤 식으로든 나에게 돌아온다.

▼ 밝게 표현하기: 부정적인 표현은 최대한 삼가고, 긍정적이고 희망적인 말만 사용하자. 자주 사용하는 단어가 있다면 긍정적인 단어로 대체해서 사용하자. 삶도 한층 밝아지고 기분도 좋아진다.

6. 글쓰기

글쓰기를 하면 의사 결정력, 계획하고 문제를 해결하는 능력이 높아진다. 이때 뇌의 총지휘본부라 할 수 있는 전두엽, 기억과 학습에 관여하는 해마 영역이 활성화된다.

감정 상태를 분석하고 이해함으로써 분노의 원인을 찾아낼 수 있고, 어떻게 대처해야 하는지 적절한 대응 전략을 세울 수 있다.

또한 글쓰기는 스트레스를 해소해서 마음의 안정을 찾는 데 여러

모로 도움이 된다. 꾸준히 글쓰기를 하면 마음속에 긍정적인 변화가 일어나서 '욱'하는 횟수도 점차 줄어든다.

▶ 따라 하기 ▶ 글쓰기

▼ 편안하고 안정된 공간을 이용한다.

▼ 분노의 원인을 파악하고 그 순간의 감정을 인식하고 받아들인다.

▼ 글로써 내가 어떤 상황에서 어떤 감정을 느꼈는지 정확하게 표현해본다.

▼ 비슷한 상황에서의 감정 처리 방법과 행동 계획을 세워본다.

▼ 분노를 토해냈던 상대방과 화해나 사과 의사가 있다면 글을 공유한다. 이때는 상대방의 감정을 충분히 고려해서 퇴고한 뒤 공유해야 한다.

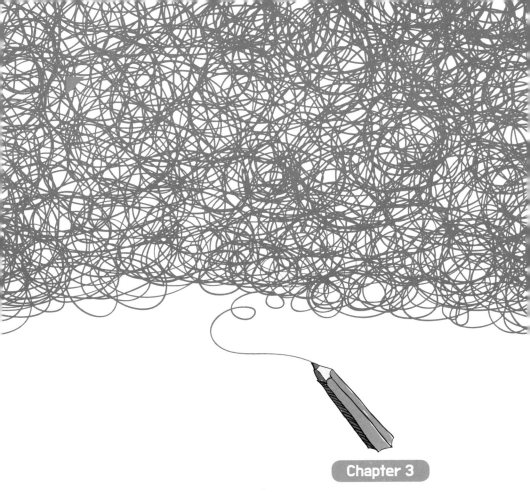

Chapter 3

나는 왜 점점
작고 초라해지는 걸까

실 패 로 부 터   성 공 을   만 들 어 내 라 .
좌   절   과   실   패   는
성 공 으 로   가 는   가 장   확 실 한   디 딤 돌 이 다 .
_   데   일   카   네   기

01

나도 일하고 싶다

장기간 취업에 실패한다면 좌절감이 말도 못할 것이다. 스트레스에 노출되면 콩팥의 부신피질에서 분비된 코르티솔이 작동한다. 코르티솔은 처음에는 외부 자극에 맞서 신체가 대항할 수 있도록 하지만 점차 감각기관을 예민하게 하고 뇌의 기능을 저하시킨다. 이로써 상대적 박탈감이 생겨나고 자기효능감과 자존감도 떨어진다. 좌절감과 함께 우울증이나 불안증이 나타난다.

좌절감은 도전 의식과 사회성마저 떨어뜨린다. 시간이 지날수록 점점 대인기피증을 유발해 사회적으로 고립되게 한다.

본가에서 독립해서 사는 그녀는 패스트푸드점과 편의점 아르바이트로 생계를 연명하고 있다. 하루에 여덟 시간을 일하고 있지만 준비

시간, 정리 정돈 시간, 이동 시간까지 합치면 열 시간 넘게 일하는 셈이다.

가끔 지인들을 만나, 혼잣말처럼 "나도 일하고 싶다!"라고 말하면 열에 아홉은 "일하면 되잖아?"라고 되묻는다. 그들은 오히려 그녀가 왜 취업은 하지 않고 아르바이트만 하며 사는지 궁금해한다.

그녀는 취업 준비생 6년 차이다. 출신 학교도 서울의 중위권이고, 학점도 나쁘지 않고, 어학연수도 다녀왔고, 토익이나 토픽 점수도 높은 축에 속한다. 취업에 보탬이 될까 해서 바쁜 시간을 쪼개서 봉사 활동도 했다.

나름 열심히 살아왔다고 자부해왔는데 취업의 벽은 예상보다 높았다. 입사 서류 100장을 쓰면 일고여덟 곳은 붙었지만, 인적성과 필기 시험을 통과해서 면접을 보는 곳은 고작 한두 곳이었다. 그러나 첫 해에는 1차 면접마저도 통과하지 못했다. 6년 동안 수백 장의 입사 원서를 냈지만 그녀가 2차 면접을 본 것은 단 한 차례에 불과했다.

사실 지인들은 모르지만 그녀가 아예 취업을 안 했던 것은 아니다. 한국 장학재단으로부터 학자금 대출 독촉장이 날아와서 울적해 있는데 친구가 중소기업이라도 취업하라며 권했다.

중소기업에 취업하면 경력을 쌓은 뒤 대기업이나 중견기업으로 이직할 수 있고, 2년 동안 일하면 기업과 정부에서 목돈을 얹어주는 청년내일채움공제 정책의 혜택을 받을 수 있다고 했다.

다른 사람 이야기도 아니고 친구가 중소기업에 다니다가 대기업으로 이직한 사례여서 신뢰가 갔다.

그녀는 친구의 조언을 받아들여서 중소기업에 취업했다. 중간에 퇴사하면 적립된 돈이 사라지기 때문에 2년을 꼼짝없이 시키는 대로 일해야만 했다.

쉽게 퇴사할 수 없다는 약점을 알고 있었던 사장은 그녀를 노예처럼 부렸다. 온갖 잔업은 물론이고, 인격 모독도 서슴지 않았다. 2년을 채우고 퇴사하기 6개월 전부터 그녀는 매일 화장실에서 눈물을 흘려야만 했다.

'빌어먹는 한이 있어도, 다시는 이런 곳에서 일하지 않는다!'

그녀는 2년 동안 쌓은 경력을 발판으로 대기업이나 중견기업에 입사하려고 시도했다. 그러나 이번에는 적지 않은 나이가 그녀의 발목을 잡았다.

결국 이런저런 이유로 취업을 못한 그녀는 아르바이트를 하며 하루하루를 연명하고 있다. 그래도 일할 때만큼은 기분이 괜찮은데, 일을 마치고 나면 물먹은 신문지처럼 몸도 마음도 축 처졌다.

'이렇게 남은 생을 살아야 하는 걸까? 친구들의 행복한 삶을 훔쳐 보면서?'

그녀는 습관처럼 스마트폰을 켰다. 아무 생각 없이 시간을 보낼 수 있는 지극히 단순한 게임을 하기 위해서였다.

현실의 벽은 높고, 자신을 이해해주는 사람들은 하나둘 떠나갈 때, 좌절감은 깊어간다. '실패한 인생'이라는 생각이 들면 무슨 일을 해도 즐겁지 않다.

이번 생은 정말 망한 걸까?

> 비참해하거나 스스로에게 동기를 부여하라. 무엇을 하든 그것은 당신의 선택이다.
>
> _웨인 W. 다이어

취업에 실패했다고 인생이 실패한 것은 아니다. 스스로 비극의 주인공이 되어 비참한 상태 속에 머물든, 바닥에서부터 힘차게 치고 올라오든 그것은 당신의 선택이다.

살아가는 동안 '뜻대로 흘러가지 않는 것이 인생'이라는 사실을 명심하라. 남들에게는 숨쉬기처럼 쉽지만 자신에게는 하늘의 별따기만큼 어려운 취업 또한 마찬가지다. 남의 떡이 커 보이듯이 인생이란 원래 그런 것이다.

장기간 취업에 실패했다고 해서 포기해서는 안 된다. 먼저 자신의 강점과 약점을 분석한 뒤, 강점은 키우고 약점은 개선하라. 면접에서 떨어졌다면 피드백을 받거나 탈락 이유를 찾아보고, 지인의 조언 등을 통해서 발전 방향을 모색하라.

할 만큼 했다고 생각하는데도 취업이 되지 않는다면 목표를 재설정하고 다양한 경로를 탐색해볼 필요가 있다. 전공 분야에만 집착하지 말고 의외의 분야에 도전해보거나, 취미나 관심 분야에 뛰어들어서 창업을 하는 것도 하나의 방법이다.

좌절감은 고립을 자초하게 만든다. 그러나 고립은 문제 해결에 도움이 되지 않는다. 어려운 상황일수록 사람들을 만나서 대화를 시도해야 한다. 정보를 찾고 인맥을 활용해야 새로운 길을 찾을 수 있다.

좌절감을 극복하려면 먼저 건강한 생활 습관부터 되찾아야 한다. 긍정적인 마인드로 미래를 바라보며 규칙적으로 운동하고, 건강한 식습관을 유지하고, 충분한 수면을 취하라.

당신이 좋은 기분을 유지하면 할수록 표정 또한 밝아져서 취업 가능성 또한 높아진다.

02

나 같은 인간이 뭘 할 수 있을까

목표했던 시험에서 계속 실패하는데, 자신보다 공부도 게을리한 친구가 시험에 합격했다면 좌절은 불보듯 뻔하다. 이때의 좌절감은 자신감을 뚝 떨어뜨리고, 스스로가 아무짝에도 쓸모없는 무능한 인간이라는 생각에 서글프기까지 하다.

그는 아버지의 권유로 행정고시를 준비했다. 제대 후 3학년 1학기 때부터 행정고시로 방향을 잡았다. 처음에는 쉬엄쉬엄 공부했는데, 3년이 지나도록 1차도 합격하지 못했다.

이대로 가다가는 만년 고시생이 될 것 같아서 게임과 술, 연애, 지인들과의 연락도 끊고 공부에만 매진했다. 5년이 지나도록 별다른 성과가 없자 초조해지기 시작했다. 반면 직장에 다니며 공부를 병행했다는 친구는 2년 만에 고시에 합격했다.

그는 좌절했다. 비로소 행정고시에 붙기에는 자신의 능력이 부족하다는 생각이 들었다. 그는 더 늦기 전에 취업 시장에 뛰어들까, 그동안 공부한 것이 아까우니 7급 공무원으로 목표를 바꿀까 고민하다가 결국 후자를 택했다.

7급 시험은 어렵지 않게 통과할 줄 알았는데 막상 부딪쳐보니 그렇지도 않았다. 3년이 지나도록 계속 고배를 마셔야 했다.

더 많은 기회의 문을 두드리기 위함일까, 7급 시험과 9급 시험 준비를 병행하는 사람도 많았다.

'이왕 보는 것, 9급 시험도 병행해볼까?'

하지만 그것은 자존심이 허락지 않았다. 명문대 출신인 데다, 한때는 수재 소리까지 들었던 자신 아닌가.

그는 거울 앞에서 자신의 얼굴을 자세히 들여다보았다.

언제 이렇게 세월이 흐른 걸까? 고시 공부를 처음 시작했던 때가 엊그제 같은데 벌써 30대 중반이었다. 까무잡잡했던 피부는 햇볕을 쬐지 못해 하얗게 떠 있었고, 눈동자는 누군가에게 쫓기는 사람처럼 불안하게 흔들렸다.

'나 같은 인간이 대체 뭘 할 수 있을까?'

◇◆◇

계속되는 불합격은 좌절감을 불러온다. 나름대로 최선을 다했는데도 실패로 끝날 때는 원인을 자신의 능력 부족으로 돌리게 마련이다.

그러나 자신의 부족한 점을 파악했다면 실패에 대한 미련부터 떨쳐버려야 한다. 그래야만 평상심을 회복할 수 있고, 차분하게 다음 시험을 준비할 수 있다.

만약 그날 운이 나빴거나, 최선을 다해서 준비하지 못했거나, 합격 점수에 근접했는데 아깝게 떨어졌다면 배수진을 치고 마지막으로 도전해보라.

더 이상은 안된다는 생각이 들거나, 공부 매너리즘에 빠져서 벗어나기 힘들거나, 공부가 지긋지긋하다면 과감하게 포기하는 것도 하나의 방법이다.

인간은 변화를 두려워한다. 그러나 막상 현재의 환경에서 벗어나서 새로운 환경에 적응하려고 노력하다 보면, 의외로 기분도 좋아지고 행복한 기분도 든다.

> 우리가 변화한다고 해서 더 나아진다고 장담할 수는 없다. 그러나 우리가 더 나아지기 위해서는 반드시 변화해야 한다.
> _게오르크 C. 리히텐베르크

좌절감을 극복하기 위해서는 실패를 부정할 것이 아니라 실패를 인정하고 받아들여야 한다. 그래야 자신감을 회복할 수 있고, 실패로부터 많은 것을 배울 수 있다.

시험을 다시 볼 용기도, 새로운 분야에 도전할 용기도 나지 않는다면 성공 가능한 작은 목표를 세운 뒤 도전해보라.

매일 아침 7시 기상하기, 매일 3킬로미터씩 1주일 동안 달리기, 집안 깨끗이 청소하기, 가까운 산 정상에 오르기, 번지점프 해보기 등의 과제를 정하라. 목표를 이루고 나면 그 성취감으로써 자신감을 되찾을 수 있다.

좋은 기분은 그것이 무엇이든 '나는 할 수 있다!'는 가능성에 차 있을 때 느낄 수 있다. 즐거운 인생을 살아가고 싶다면 자신감을 갖고 계속해서 도전하라.

성공하는 사람들은 패배 속에 오래 머물지 않는다. 살아생전에 반드시 도전해야 할 많은 것이 눈앞에 아른거리기 때문이다.

03

우리는 정말 같은 인간일까

인간은 욕망을 지닌 사회적인 동물이라서 비교하는 습성이 있다. 이 습성의 긍정적인 면은 비교를 통해서 동기를 부여하고, 나 자신의 부족한 점을 채우기 위해서 노력하다 보면 발전한다는 점이다. 부정적인 면은, 노력으로 극복할 수 없는 수준 차이를 느끼면 좌절해서 자기효능감이나 자신감을 잃어버린다는 점이다.

그녀는 레스토랑에서 웨이터로 일하고 있다. 레스토랑은 셰프의 명성이 자자하고, 수입 목재와 대리석을 사용한 르네상스 시대 건축물을 연상시키는 인테리어를 갖춘 데다, 한강을 내려다볼 수 있는 곳에 위치해 있어서 부자들이 단골 고객이다.

손님 접대가 일이다 보니, 간혹 신분 차이를 실감할 때가 있다. 특히 자기 또래가 외제 승용차를 타고 와서, 비싼 샴페인에다 고급 음식을 시키고는 먹는 시늉만 하고 나가면, 그녀는 테이블을 치우며 좌절감을 느낀다.

'우리가 정말 같은 인간일까?'

그녀는 도무지 이해할 수 없었다. 자신이 한 달 내내 일해도 못 살 고급 와인을 따라만 놓고 나가버리다니, 도대체 그들의 머릿속에는 무엇이 든 걸까.

긴장 상태에서 일하다 보니, 하루 일을 마치고 나면 녹초가 되었다. 월세가 싼 단칸방을 구하다 보니 귀갓길 또한 만만치 않았다. 전동차를 타고 마을버스로 갈아타고 다시 한참을 걸어 올라가야만 했다.

방에 들어서면 허기가 졌지만 꼼짝할 수 없었다. 손가락 하나 까딱할 힘도 없어 겉옷만 대충 벗어둔 채 잠들기 일쑤였다.

근래 들어서 그녀는 종종 '중세시대가 보이는 신분제 사회였다면 현대는 보이지 않는 신분제 사회가 아닐까?'라는 생각을 하곤 했다. 인종, 성별, 출신과 상관없이 개인의 노력과 역량에 의해서 삶의 질이 바뀐다고는 하지만 과연 그것이 실제로 가능한지 의심스러웠다.

그녀는 자신이 주체적인 삶을 살아가는 자유인이 아니라 돈의 노예라는 생각이 들자 기분이 가라앉으면서 어깨가 축 처졌다.

'과연 잘살 수 있다는 내일의 희망은 여전히 유효한 걸까?'

인간은 사회 속 다른 구성원과의 비교를 통해서 자신의 위치를 파악한다. 부자일수록 기회와 자원이 풍부하기에 현저한 빈부 격차는 가난한 자에게는 좌절과 불안을 동시에 안겨준다.

경제적으로 어려운 상황에서는 타인과의 비교를 줄일 필요가 있다. 그 대신 자신이 가진 것에 만족하면서, 자신만의 성과를 내기 위해서 집중해야 한다.

> 중요한 것은 자신에게 부여된 길을 한결같은 마음으로 똑바로 나아가되, 다른 사람이 가는 길과 비교하지 않는 것이다.
>
> _헤르만 헤세

군이 비교를 해야 한다면 경제적인 비교 대신 정신적인 비교를 하라. '비록 내가 돈은 없어도 너보다는 훨씬 성숙한 사람이다'라는 생각으로 독서를 하고, 어려운 이웃이나 지역 사회를 위해서 봉사 활동을 하다 보면 기분이 한결 좋아진다.

빈부 격차로 인한 좌절감이 들수록 가치관을 확고히 하고, 인생의 목표를 재정립할 필요가 있다. 삶의 방향을 제대로 잡으면 의욕도 생기고, 희망도 생긴다.

유쾌한 기분으로 인생을 살아가고 싶다면 자신의 삶에 집중하며, 타인과의 비교 대신 어제의 자신과 비교하라. 목표를 향해서 어제보다 한 걸음 더 나아가고 있다거나 정신적으로 성숙해졌다는 생각은, 자존감도 높여주고 인생에 활력도 불어넣어준다.

04

나는 어쩌다 섬이 됐을까

사회생활에서 타인과의 교류나 소통은 필수라고 할 수 있다.

인류는 함께 일하고 협력하며 사회를 발전시켜왔다. 대인 관계는 상호작용이다. 외톨이가 되면 감정의 교류나 생각의 교류가 끊어진다. 감정 조절 능력, 사고 능력, 인지 능력 등이 떨어지면서 울적한 기분에 사로잡히는 것이다.

인간의 기본 욕구 중에는 타인에게 인정받고 싶은 욕구가 있다. 대인 관계가 서툴 경우, 자아를 실현할 수 없어 좌절감을 느끼게 된다.

입사 4년 차인 그는 회사에서 언제부터인가 하나의 섬이 되었다. 출퇴근 때 인사를 해도 누구 하나 반갑게 눈을 맞추거나 미소를 지어주지 않았다. 업무 시간 중에는 업무와 관련된 일 외에는 아무도 말을 걸지 않았다. 점심시간에는 혼자 회사 밖으로 나가서 점심을 먹었고, 회의시간에는 회의실 한구석을 묵묵히 지켜야 했고, 회식 때도 구석에 말없이 앉아 있다가 귀가하곤 했다.

새해가 되자 부서에 신입 사원이 충원되었다. 그가 막내였는데 드디어 막내에서 탈피하게 된 셈이었다.

그는 몹시 기뻤지만 그 기쁨은 오래가지 못했다. 회식 자리에서 그는 신입 사원과 마주 앉았다. 직장 선배로서 적절한 조언을 해주고 싶은 마음은 굴뚝같았지만 타인과 대화를 해본 일이 많지 않아서일까, 입술이 좀처럼 열리지 않았다.

무슨 말로 시작할지를 고민하는 사이에 사회성 좋은 선배가 신입 사원과 대화하기 시작했다. 그는 두 사람의 대화를 흘려들으며, 늘 그랬던 것처럼 섬이 되어서 벽시계만 올려다보았다.

'어쩌다 내가 이렇게 됐을까?'

곰곰이 돌아보니 살아오면서 누군가와 제대로 된 대화를 해본 적이 손가락으로 꼽을 정도였다. 중고등학교 때는 공부하느라 대화할 시간이 없었고, 대학에 다닐 때는 게임과 주식에 빠져서 친구들과 어울리지 못했다.

회식이 끝나고 부원들은 우르르 노래방으로 2차를 갔고. 그는 혼자 우두커니 식당 앞에 서 있었다. 노래방 한쪽 구석에서 말없이 앉아 있는 것도 고역이었지만, 혼자만 집으로 가자니 그것도 그리 내키지 않았다.

그는 한참을 우두커니 서 있다가 돌아섰다. 전철역으로 향하는 걸음걸음마다 자신이 인생을 잘못 살고 있다는 생각과 함께 절망감이

파도처럼 밀려들었다.

대인 관계 자체를 불편해하는 사람들이 점점 늘고 있다.

혼자서 주로 시간을 보내다 보니 사람들과 함께 있으면 무슨 말을 해야 할지, 어떻게 행동해야 할지 몰라서 바다 위에 홀로 떠 있는 섬처럼 있는 듯 없는 듯, 없는 듯 있는 듯이 하루를 지낸다.

사람들과 자연스럽게 어울리고 싶은 마음뿐, 실제로 어울리지 못할 때 느끼는 절망감은 자존감마저 떨어뜨린다.

대인 관계를 못하는 사람은 자신의 문제점이 무엇인지, 원인은 무엇인지부터 파악해야 한다. 스스로 자기 분석을 해보거나, 지인들과 상담을 하거나, 심한 경우 전문가로부터 컨설팅을 받을 필요가 있다.

또한, 단체로 즐길 수 있는 취미 활동이나 봉사 활동 등을 통해서 대인 관계에 필요한 기술이나 능력을 향상시켜나가야 한다. 가치관이나 취미가 비슷한 사람들과 어울리다 보면 쉽게 친밀성을 느껴서 대화도 용이하다.

분위기 파악을 못해서 말할 때마다 분위기가 얼어붙어버린다면 가족 시트콤이나 코미디 프로그램을 찾아보는 것도 하나의 방법이다. 실수가 두려워서 말할 기회를 매번 놓친다면 마인드 컨트롤을 통해서 실수에 대한 두려움을 극복할 필요가 있다.

> 누구나 자기를 좋아하는 사람을 좋아한다.
>
> _푸블릴리우스 시루스

대인 관계의 기본은 신뢰와 존중이다. 누군가와 가까워지고 싶다면 먼저 다가가서 손을 내밀어야 한다. 상대방에 대한 신뢰와 존중을 기본으로 두라. 그리고 다가가 먼저 마음을 보인다면 소통하기가 한결 수월해진다.

사람들 사이에는 즐거움이 있다. 기분 좋은 삶을 살고 싶다면 누군가와 어울리는 것 자체를 두려워해서는 안 된다.

미소를 짓고, 먼저 다가가서 인사를 건네라.

05

세상에서 가장 불행한 사람

인체에서 몸의 중심을 이루고 기둥 역할을 하는 곳이 척추라면 인생에서 중심 역할을 하는 곳은 가정이다. 가정이 행복하면 세상 어디를 가도 행복이 넘치고, 가정이 불행하면 산해진미를 입안에 밀어넣어도 쓴맛이 나게 마련이다.

가정은 기쁨이 샘솟는 곳이지만 절망의 뿌리이기도 하다.

◇◆◇

"도대체 어디다 정신을 두고 와서 이런 실수를 저지르는 거야?"

팀장의 꾸짖음에도 그녀는 달리 변명할 말이 없었다. 자신이 생각해도 황당한 실수였다.

요즘 그녀는 어머니 때문에 골머리를 앓고 있다. 부모는 그녀가 열네 살 되던 해에 이혼했다. 이혼 사유는 어머니의 음주였다.

어머니는 연극배우로, 그녀가 유치원에 다닐 때만 해도 종종 무대에 서곤 했다. 그러던 어느 날, 극단에서 무슨 일이 있었는지 어머니는 몹시 화가 나서 돌아왔고, 그날 이후로 일절 외출을 하지 않았다. 그 대신 종종 혼자서 생각에 잠겨 술을 마시곤 했다.

처음에는 일주일에 한두 번이었는데 시간이 지나자 매일 마시기 시작했다. 주량이 늘어난 만큼 몸은 점점 쇠약해졌고 주사 또한 심해졌다. 술에 취해서 난동을 부리기 일쑤였고, 참다못한 아버지는 이혼을 선택했다.

이혼하고 나서 한동안은 술을 끊고 일도 했지만 오래가지 못했다. 어머니는 스스로 통제할 수 없는 상황에까지 이르렀다. 기물을 파손하는 건 물론이고, 툭하면 행인들에게 시비를 걸었다. 이웃 주민의 신고로 경찰이 몇 차례 출동하기도 했지만 어머니는 그다지 반성하는 기미를 보이지 않았다.

어머니의 주사 때문에 15년 동안 여덟 번이나 이사를 다녀야 했다. 사는 곳은 바뀌었지만 어머니의 주사만큼은 한결같았다.

그녀는 요즘 어머니를 알코올의존증 치료 전문병원에 강제 입원시킬지에 대해서 고민 중이다. 병원비도 병원비였지만 자유분방한 삶을 살아온 어머니를 병원에 가둬야 한다는 생각만으로도 가슴이 답답했다.

그녀는 습관처럼 엄지손톱을 물어뜯었다. 아무리 생각해도 달리 방법이 없다는 사실에 기분이 울적했다.

◇◆◇

가정불화의 원인은 여러 가지다. 가족 구성원 간의 생활 방식, 가치관, 성격, 경제, 종교, 문화, 심리….

가정에서 불화가 발생할 경우, 방치하거나 공격적으로 대응하는 경우가 대부분이다. 소통하지 못하고 감정적으로 대처할 경우, 상황은 오히려 악화되게 마련이다.

좌절감이 깊어지기 전에 해결책을 찾아야 한다.

첫 번째는 대화이다. 비록 어려운 상황일지라도 서로의 생각이나 의견을 교환해서, 서로 이해하고 공감할 수 있는 토대를 마련해야 한다. 따라서 가족 구성원의 진솔한 대화는 문제 해결을 위한 첫걸음이라고 할 수 있다.

두 번째는 중재자의 도움을 빌리는 것이다. 서로가 신뢰하는 중재자가 중립적인 입장에서 모두가 납득할 만한 해결책을 제시한다면 갈등을 해소할 수 있다.

세 번째는 타협이다. 가족은 하나이다. 서로 한 걸음씩 뒤로 물러나서 타협점을 찾는다면 어떤 불화인들 해결하지 못하겠는가.

네 번째는 전문가의 상담이다. 가족 구성원 누구도 문제를 해결할 수 없고, 중재에도 실패했다면 전문가의 도움을 받아야 한다. 가족 구성원이 문제를 해결하지 못하는 이유는 복잡하게 얽힌 감정 때문일 수도 있다. 반면 전문가는 근본 원인을 찾아내고 문제 해결에 집중하기 때문에 어려운 상황을 타개하는 결정적인 열쇠가 될 수 있다.

> 행복한 가정은 미리 누리는 천국이다.
>
> _로버트 브라우닝

행복한 가정이 천국이라면 불행한 가정은 지옥이다. 가정불화를 방치할 경우 모두가 불행해진다.

좋은 기분으로 양질의 인생을 살고 싶다면 어떤 대가를 치르더라도 가정불화부터 해결해야 한다. 지옥 같은 상황일지라도 해결책을 찾다 보면 점점 기분이 좋아지고, 그러다 보면 머잖아 행복한 인생의 출발점에 서게 된다.

✸ 간단하게 좌절을 다스리는 6가지 좋은 습관

1. 정신 승리

정신 승리는 어리석어 보여도, 어려운 상황을 타개하기 위한 인간의 생존 방식 중 하나이다. 현실적으로 어려운 상황에서 정신 승리는 패배나 좌절을 딛고 일어서는 데 도움이 된다. 정신 승리를 하자면, 집중력과 주의력을 향상시키는 노르에피네프린과 기쁨을 느끼게 하는 도파민 같은 신경전달물질이 분비되어 짧은 시간에 울적했던 기분을 회복할 수 있다.

자기효능감과 자신감 향상에도 도움이 된다. 비록 단기적인 해결책이기는 하지만 간단하게 좌절감에서 벗어날 수 있다.

▶ 따라 하기 ▶ 정신 승리

▼ 가급적이면 밝고 쾌적한 장소를 선정한다.

▼ 좋아하는 음료나 음식을 먹으면서 다각도에서 생각한다.

▼ 내가 상대보다 나은 점 혹은 나만의 장점을 찾아본다. 자신이 지금 좌절하는 이유는 상대와 비교하고 있기 때문이다. 비교를 멈추고 나의 장점을 찾아 자신감을 고취한다.

▼ 긍정적인 마인드로 미래를 상상한다. 인간의 뇌는 상상만으로도

성취감을 맛볼 수 있다. 성공한 나의 모습을 그리면 성공한 사람의 기쁨을 조금은 느낄 수 있다.

2 목표 재설정하기

목표란 가야 할 방향을 제시함과 동시에 구체적인 행동을 촉구한다. 이미 실패했거나 실패한 인생이라는 생각이 들 때 새로운 목표를 설정함으로써 좌절을 극복할 수 있고, 희망을 발견할 수 있다.

뇌에서는 좌절과 관련된 스트레스 반응이 현저히 줄어들고, 긍정과 관련된 세포가 활성화된다. 자존감이 회복되면서 타인이 우리를 바라보는 시선에 대해서도 한결 담담하게 대처할 수 있어서 관계 개선에도 도움이 된다.

▶ 따라 하기 ▶ 목표 재설정하기

▼ 실패 원인 분석하기. 내가 좌절하고 있는 구체적인 이유나 실패한 이유를 분석해본다. 머릿속이 혼란스러울 때는 글을 쓰거나 그림을 그려가며 생각을 정리하는 것도 좋은 방법이다.

▼ 새로운 목표 설정하기. 상황이 바뀌어서 이룰 수 없는 목표라고 판단되면, 현실적으로 실현 가능한 새로운 목표를 설정한다.

▼ 구체적인 계획 세우기. 최종 목표를 달성하기 위한 단기·중기·장기 계획을 세우되, 구체적으로 수치화할 필요가 있다. 그래야 중간 중간 나의 위치를 체크할 수 있고, 목표를 향해서 제대로 나아가고 있음을 실감할 수 있다.

▼ 동기 부여 하기. 목표를 반드시 이루기 위한 동기를 찾는다. 동기

부여가 잘 되어 있을수록 목표에 집중할 수 있으며, 달성 또한 수월하다.

▼ 실천하기. 목표를 재설정했으면 지금 당장 실천해야 한다. 단기 목표를 향해서 첫걸음이라도 떼어야지만 최종 목표에 다다를 수 있다.

3. 성공한 모습 상상하기

인간의 뇌는 상상과 현실을 명확히 구분하지 못한다. 성공한 모습을 상상하자면 성공한 사람이 느끼는 감정과 똑같지는 않더라도 일부분 체험할 수 있다. 또한 성공에 대한 성취감을 미리 맛볼 수 있어서 자신감을 갖게 된다.

상상 이미지를 통해서 긍정적인 자아를 형성할 수 있으며, 실패를 딛고 반드시 성공하겠다는 각오를 다질 수 있다.

▶ 따라 하기 ▶ 성공한 나의 모습 상상하기

▼ 편안한 자세를 취한 뒤 호흡 조절을 통해서 긴장된 몸과 마음을 이완한다.

▼ 꿈을 이룬 나의 모습을 상상한다. 이때, 상상은 구체적으로 하는 것이 좋다. 성공한 나의 모습뿐만 아니라 주변 환경, 바뀐 상황, 주변의 반응 등을 세밀하게 상상한다.

▼ 상상하는 동안 느끼는 모든 감정, 기쁨·만족감·자신감·성취감·행복감 등을 생생하게 느껴본다.

▼ 상상의 시간이 끝났으면 상상하면서 느꼈던 감정의 여운을 잠시

즐긴다.

▼ 상상을 현실화하기 위한 구체적인 계획이나 개선해야 할 점 등을 적어놓고, 실제 행동으로 옮긴다.

4. 자신이 이룬 성공 기록하기

좌절감을 느끼면 자신감은 떨어지고 자기효능감마저 의심하게 된다. 살아오면서 자신이 이루었던 성공을 기록해보면 그 과정에서 평상심을 회복할 수 있다.

성공을 기록하다 보면 목표에 대한 동기 부여가 되기도 하고, 성공했을 때의 감정이 되살아나면서 도파민 수치 또한 높아져서 기분이 한결 좋아진다.

▶ 따라 하기 ▶ 내가 이루었던 성공 기록하기

▼ 살아오면서 내가 이루었던 성공을 일기 형식으로 상세하게 기록한다.

▼ 성공하기까지의 배경과 상황, 문제 해결 방식, 성공 과정 등을 적는다.

▼ 성공 방식과 성공 비결을 간략하게 요약한다.

▼ 성공의 의미와 가치를 곰곰이 되새긴다.

▼ 과거의 성공 방식과 비결 중에서 현재 문제를 해결하는 데 접목하거나 응용할 방법은 없는지 살펴본다.

▼ 기록한 것을 SNS을 통해 공유한다. 성공 경험을 공유하면 성공하고 싶은 강한 욕구와 동기가 생긴다. 또한 사회적인 지지를 받을

수 있고, 연대감을 느낄 수 있다.

5. 자기 계발하기

인간은 자아실현을 통해서 꿈을 이루고자 하는 욕구를 지니고 있다. 자기 계발은 자아에 긍정적인 인식을 심어줌과 동시에 자기효능감을 높여주어, 좌절감을 느낄 만큼 어려운 상황에 처하더라도 다시 일어서서 꿈을 향해 나아가게 한다.

자기 계발은 뇌에서 보상 체계와도 관련 있는 도파민과 기분을 조절하는 세로토닌의 분비를 증가시켜서, 좌절감에서 벗어날 수 있도록 돕는다. 또한 새로운 경험을 통한 시냅스가 생성되어 뉴런들이 서로 연결되면서 인지능력을 향상시키고 뇌의 가소성을 높인다.

이 밖에도 자기 계발은 새로운 기회를 창출하거나 사회적 지위를 높일 수 있다는 기대감을 갖게 해서 좌절감에서 벗어나는 데 도움이 된다.

▶ 따라 하기 ▶ 자기 계발하기

▼ 목표를 설정한다.

▼ 목표 달성을 위한 구체적인 계획을 세운다.

▼ 계획을 실행한다. 좌절감을 느낄 때의 행동 계획은 자신의 약점을 보완하는 쪽보다는 강점을 살리는 쪽으로 세우는 것이 좋다.

▼ 자기 계발 진행 상황을 확인하고, 검토한다.

▼ 계획에 따라서 일정한 기간마다 중간 점검을 한다.

▼ 변화하는 상황에 따라서 목표를 현실에 맞게 재조정한다.

6. 봉사 활동하기

봉사 활동을 하면 타인의 어려움과 고통을 간접 체험하게 된다. 이때 뇌 속의 거울 뉴런이 활성화되면서 타인의 상황을 이해하고 공감하는 능력이 향상된다. 이러한 경험은 긍정 마인드를 형성해서 좌절감을 극복하는 데 도움이 된다.

사회적 지위와 신뢰성도 높일 수 있으며 새로운 네트워크 형성에도 도움이 된다. 또한 자신이 사회에 유용한 인간이라는 사실을 자각시켜줌으로써, 인생의 가치를 되돌아보게 하고, 실패를 딛고 일어설 용기와 함께 동기를 부여한다.

▶ 따라 하기 ▶ 봉사 활동하기

▼ 봉사 분야를 선택한다. 평소 해보고 싶었거나 내가 잘할 수 있는 분야에서 봉사를 하면 자신감을 높일 수 있다.

▼ 자원봉사단체 등에 연락해서 봉사 가능한 날짜와 시간 약속을 잡는다.

▼ 봉사 활동에 필요한 주의 사항을 미리 숙지한다.

▼ 적극적으로 참여하되, 자기 관리를 한다. 무리가 되지 않도록 적절한 휴식을 취한다.

▼ 관계자나 선배로부터 피드백을 받아, 개선할 점은 개선한다.

▼ 봉사 활동을 계속할 수 있도록 전반적인 스케줄을 조정한다.

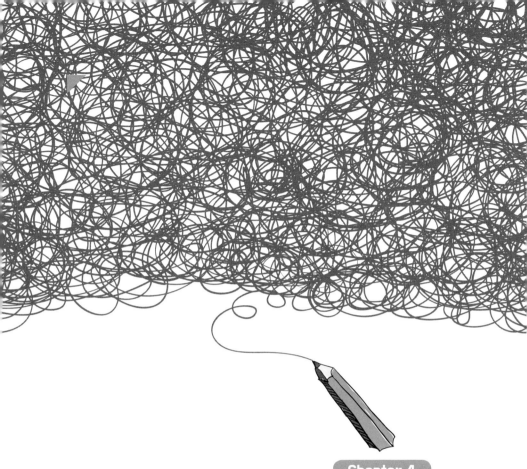

Chapter 4

너는 누군데
왜 나를 힘들게 해

당 신 의 동 의 없 이 는
그 누구도 당신에게 열등감을 안겨줄 수 없다.
_ 엘 리 너 루 스 벨 트

01

나는 왜 이렇게 태어난 걸까

인간은 저마다 이런저런 콤플렉스를 갖고 있다.

콤플렉스는 장단점이 있다. 장점은 자아를 형성하는 데 영향을 미치고, 동기를 부여하는 계기도 된다는 것이고, 단점은 자율성과 자신감을 떨어뜨려서 삶의 질을 저하시킨다는 것이다.

외모에 한창 민감한 청소년기에는 열에 아홉은 신체에 대한 콤플렉스가 있다. 나이를 먹을수록 외모 콤플렉스에서 점점 벗어나게 마련이지만 세월이 흘러도 외모 콤플렉스에서 벗어나지 못하는 사람도 있다.

그는 점심을 먹고 야외에서 커피를 마시다가 우연히 여직원들의 대화를 들었다.

"김 대리님 소개시켜줘. 잘 어울리겠네!"

"김 대리님은 안돼!"

"아니, 왜? 잘 어울릴 것 같은데…."

"친구가 한 가지 전제를 달았어."

"뭔데?"

"얼굴은 보지 않겠대. 단, 피그미족만 아니면 된대."

순간, 까르르 여직원들의 웃음소리가 울려 퍼졌다. 그는 얼굴이 후끈 달아올라 고개를 푹 숙였다. 행여 들킬세라 재빨리 돌아서서 사무실로 향했다.

책상에는 못 보던 서류철이 놓여 있었다. 제목을 보니 회의 자료였다. 무심코 몇 장 넘기던 그는 사무실로 들어오던 신입 직원을 바라보았다. 눈이 마주쳤다. 그의 큰 키를 발견한 순간, 화가 솟구쳤다.

"야, 넌 대체 날 뭘로 아는 거야? 내가 지난번에도 호치키스를 일직선으로 찍지 말고, 사선으로 찍으라고 했지? 내 말이 같잖아?"

그는 버럭 고함을 지르며 슬쩍 팀장을 돌아보았다. 팀장은 짐짓 못 들은 척 모니터만 들여다보고 있었다.

자리를 박차고 나온 그는 화장실로 갔다. 거울 앞에서 한동안 자신의 모습을 빤히 바라보았다. 얼굴은 괜찮은 측에 속했다. 문제는 키높이 구두를 신어도 감출 수 없는 키였다.

'나는 왜 이렇게 태어난 걸까? 여기서 5센티, 아니 3센티만 더 컸어도 좋으련만!'

신체 콤플렉스 때문에 불평불만이 가득한 사람이 제법 많다. 결혼 적령기, 특히 결혼 자체의 난도가 과거에 비해 부쩍 높아진 한국 사회의 청년들은 이런저런 신체 콤플렉스에 시달리고 있다.

세상은 다면체이고 인간 또한 다면체이다. 콤플렉스가 정신 건강에 해로운 이유는 다른 곳은 보지 않고, 그 한 곳만 계속 들여다보기 때문이다.

콤플렉스는 있는 그대로 받아들이는 편이 현명하다. 자기 외모의 한계를 인식하고, 받아들여야 한다.

세상에 완벽한 사람은 없다. 누구나 장단점이 섞여 있게 마련이다. 신체 콤플렉스에 갇혀서 울적한 기분에 사로잡히지 말고, 그곳에서 한시라도 빨리 빠져나가자.

콤플렉스를 극복하는 데는 몇 가지 기술적인 방법이 있다.

하나, 강점을 찾는다. 세상은 약점이 아닌, 강점으로 살아가는 곳이다. 강점 하나만 제대로 어필해도 상대방의 마음을 사로잡는 것은 그리 어렵지 않다. 요즘은 여러 조건을 두루 갖춘 육각형 인물을 배우자로 선호하는 경향이 있다. 하지만 이는 모두의 바람일 뿐이다. 완벽을 추구할수록 인간은 불행해진다. 약점을 보완하기보다는 강점을 개발하는 데 초점을 맞추면 자신감도 생기고 인생도 즐거워진다.

둘, 좋아하는 취미 활동을 한다. 활발하게 취미 활동을 하다 보면 움츠러들었던 마음도 펴지고, 자기 자신은 물론이고 세상을 좀 더 다양한 시각에서 바라볼 수 있다.

셋, 패션스타일 바꾸기. 패션은 마법 같은 면이 있다. 적절한 패션 스타일을 선택하면 작은 키나 통통한 몸매를 커버할 수 있다.

넷, 헤어스타일 바꾸기. 헤어스타일을 잘 선택할 경우, 보여지는 얼굴의 비율을 조절할 수 있다. 얼굴 비율이 바뀌면 전체적인 인상이 바뀐다.

다섯, 전문가와 상담하기. 콤플렉스가 심해서 우울증 증세가 느껴진다면 전문가와 상담할 필요가 있다. 마음의 병이라고 무시하다가는 영원히 작은 동굴에 갇혀 빠져나오지 못한다.

> 나는 소소한 기쁨들을 좋아한다. 그것들은 콤플렉스를 막는 최후의 보루이다.
> _오스카 와일드

세상에는 수많은 콤플렉스 동굴이 있다. 그 속에 갇히면 인생의 즐거움은 송두리째 사라진다.

즐거운 인생을 살고 싶다면 동굴에서 나와 소소한 행복을 찾아다녀라. 사실 세상에는 우리를 영원히 불행 속에 가둬둘 만큼 커다란 불행도 없고, 영원히 웃게 할 만큼의 특별한 행복도 없다.

사람들은 자신의 그릇에 따라서 불행해하고 행복해하며 살아간다. 사회적으로 성공한 사람들은 자신의 단점보다는 장점을 보며 기분을 관리하고, 실패한 사람들은 장점보다는 단점을 보며 울적해한다.

나는 왜 거절을 못할까

세상에는 악한 사람도 많지만 착한 사람도 많다.

요즘에는 다른 사람을 지나치게 배려한 나머지 자신의 기분이 나빠지는 '착한사람 콤플렉스'를 안고 살아가는 이들을 주변에서 어렵잖게 볼 수 있다.

이들은 대개 성격이 원만하고, 타인의 감정을 이해하고 공감하는 능력이 뛰어나서 어떤 모임에 가더라도 환영받는다.

문제는 타인의 이익을 우선시하다 보니 불필요한 희생을 감수한다는 점이다. 자신의 감정을 제때 드러내지 못하다 보니 속으로는 불평불만을 쌓게 되어서, 좋은 일을 하고도 은근히 기분이 나쁘다.

"출장을 좀 다녀와줘야겠어요. 우리 부서에는 중요한 일을 믿고 맡길 만한 사람이 정 대리밖에 없더라고."

팀장의 말을 듣자마자 아버지 생신이 떠올랐다. 가족끼리 식사하기로 해서 이미 레스토랑까지 예약해둔 상황이었다.

머릿속에서는 '곤란합니다. 모레가 아버지 생신이거든요'라는 말이 맴돌았지만 정작 입에서는 전혀 다른 말이 나왔다.

"네, 알겠습니다!"

그녀는 친절한 미소까지 지으며 대답한 뒤, 돌아섰다. 절로 한숨이 나왔다. 그녀는 자신의 처신이 마음에 들지 않았다. 사실 다른 부원을 보내도 되는 일이었다. 팀장도 원래는 다른 부원을 보내려고 했으나 사정이 있다고 해서 그녀에게 넘어온 출장이었다.

'언제까지 이렇게 살래? 사정을 솔직히 털어놓으면 간단한 일인데, 왜 이렇게 쉬운 길을 놔두고 험한 길로 가는 건데?'

회사 일 때문에 생신 모임에 참석하지 못한다고 하면 가족들은 이해하리라. 문제는 그녀의 기분이었다. 거절해야 할 때도 거절을 못하다 보니 기분을 컨트롤할 수 없었다.

어떤 조직이든 '예스맨'은 인기가 좋다. 물론 좋아서 예스맨을 자처한다면 문제 없겠지만 속마음이 다를 경우, 스트레스를 받게 된다.

거절하지 못하는 사람들의 특징 중 하나는 다른 사람들의 평가나 인정을 실제 이상으로 부풀린다는 점이다. 그러다 보니 'NO!'라고 거절할 경우 자신의 평판이나 사회적 지위가 떨어질까 봐 불안해서,

싫은 일도 울며 겨자 먹기로 받아들인다.

예스맨으로서의 삶이 불행하다면 거절의 기술을 익혀야 한다.

하나, 삶의 우선순위를 정한다. 현대인은 바쁘다. 시간은 한정되어 있기 때문에 삶의 우선순위가 없으면 약속이 겹치고, 갈팡질팡하게 된다. 인생은 한 번뿐인 소중한 것이다. 각자 사정에 따라 다를 수 있지만 자신의 삶을 우선시해야 나중에 후회하지 않는다.

둘, 상황에 맞는 적절한 거절 예의를 갖춘다. 거절하려는 이유나 상황에 맞는 표현, 표정 등을 미리 준비해놓는다. 거절 이유가 명확하고 상대방이 이해하고 공감할 수 있다면 거절로 인한 불편함을 줄일 수 있다.

셋, 타협을 한다. 거절하기 난처할 경우, 자신의 일정을 확인시켜준 뒤 다른 시간으로 대체하거나 기한을 연장한다.

넷, 상대방의 요청을 거절한다는 것이 매정하다는 생각이 들면, 일단 거절하되 도움을 줄 방법을 찾아서 대안을 제시한다.

> 시간을 주체적으로 관리해야 합니다. 거절하지 않으면 그렇게 할 수 없죠. 다른 사람이 내 삶을 결정하도록 방치하지 마세요.
> _워런 버핏

모두에게 좋은 사람은 그 누구에게도 좋은 사람이 아니다. 좋은 사람이 되고 싶다면 일단 자기 자신에게 좋은 사람이어야 한다.

자신을 희생해가면서 좋은 사람이 되어봤자, 실제로 돌아오는 것은 별것 없다. 살아가는 즐거움은 우리가 미처 발견하지 못한 일상의 작은 편리함 속에 숨겨져 있다.

기분을 관리하고 싶다면 거절에 익숙해져야 한다.

03

나는 과연 홀로 설 수 있을까

세상이 복잡해지면서 얽매이는 삶보다는 자유분방한 삶을 추구하다 보니 어른이 되기를 거부하는 사람들이 점점 늘고 있다. 결혼 적령기가 늦춰지고 출산율이 떨어지는 것도 이런 현상과 일정 부분 연관이 있다.

"집에서는 일단 결혼부터 하래."

"나도 결혼하고 싶지. 하지만 아직 직업도 없는 상태잖아."

"공부도 끝났잖아? 정말 박사까지 따려고 그래?"

"몰라! 솔직히 나도 어떻게 해야 할지 모르겠어."

실망한 약혼녀의 표정을 보니 그도 마음이 편하지만은 않았다.

대학교 3학년 때 만나서 10년째 교제 중이었다. 약혼녀는 8년 차

직장인이었다. 그도 대학을 졸업하고 광고회사에 카피라이터로 취직한 적이 있었다. 직장 생활은 기대만큼 자유롭지 못했고, 예상보다 일이 많았다.

일에 치여서 밤낮없이 일하다 보니 학창 시절이 그리웠다. 그는 직장을 그만두고 대학원에 진학했다. 두 개의 석사 학위를 취득하는 사이 3년이 훌쩍 흘렀다.

박사 학위를 따고 싶은 마음도 있었지만 등록금과 기회비용을 생각하지 않을 수 없었다. 박사 학위 소지자는 차고 넘쳤다. 국내는 차치하더라도 세계 유수의 명문대에서 박사 학위를 들고 귀국하는 인원만으로도 수요를 넘어선 지 오래였다.

그렇다고 해서 다시 조직 사회에 뛰어들고 싶지는 않았다. 직장을 다니며, 결혼해서 아이를 낳고 살아갈 생각을 하니 어깨가 무거워졌고, 숨통이 조여왔다.

어떤 결론도 내리지 못한 채 약혼녀와 헤어졌다. 뚜벅뚜벅 걷다 보니 마음이 천근만근이었다. 자꾸만 가고 싶지 않은 길을 누군가의 손에 등 떠밀려서 가야만 할 것 같은 예감이 들었다.

'나는 과연 홀로 설 수 있을까?'

할 수만 있다면 타임머신을 타고, 대학 신입생 시절로 되돌아가고 싶었다.

피터팬 콤플렉스를 지닌 사람들은 대개 자유로운 정신세계 속에서 살아간다. 그 나이에 짊어져야 할 사회적 책임이나 의무 등에서 한걸음 벗어나 있어서 스트레스를 덜 받는다. 어린아이처럼 사고가 유연하다 보니 상상력이 풍부하고, 창의력도 뛰어나다.

반면 책임과 의무를 회피하다 보니 주변 사람들로부터 신뢰를 얻지 못하고, 어른이라는 사실을 자각하지 못해 현실감각이 떨어진다.

피터팬 콤플렉스로부터 벗어나고 싶다면 네 가지를 기억할 필요가 있다.

하나, 자기중심적인 사고에서 벗어난다. 현실을 살아가고 있는 자신의 삶을 냉정하게 돌아보라. 다른 사람의 입장에서도 생각해보고, 현재의 자신을 있는 그대로 받아들인다.

둘, 삶의 목표를 세운다. 인생의 뚜렷한 목표가 없다 보면 어른 되기가 두려워진다. 사명감을 갖고 목표를 향해서 나아갈 필요가 있다.

셋, 가족이나 타인에게 관심 갖기. 지금까지는 자기만을 위한 삶을 살아왔다면 가족이나 타인의 삶에 관심을 갖는다. 그들과 소통하며 관심을 갖다 보면 사회적 책임이나 의무를 자연스럽게 받아들이게 된다.

넷, 새로운 경험하기. 어린아이가 상자로 집을 만들어놓고 그 안에서 놀듯이, 안정적인 삶만을 추구하다 보면 진정한 어른이 될 수 없다. 새로운 취미를 즐기거나, 다른 분야의 사람과 만나거나, 낯선 분야에 도전하는 등 새로운 경험을 쌓다 보면 용기가 생겨서, 진정한 어른으로 거듭날 수 있다.

> 도전은 인생을 흥미롭게 만들며, 고난 극복이 인생을 의미 있게 한다.
>
> _조슈아 J. 마린

세상은 끝없이 변화하는 시간의 강물 위를 흘러간다. 변화 자체를 거부하면 인생은 정체되고, 새로운 세상을 볼 수 없다. 다채로운 세상인데 단편적인 면만 보다가 인생이 끝나버린다면, 그 또한 허망하지 않겠는가.

변화를 받아들이고 함께할 때 인생이 즐거워진다.

진정한 어른이 되고, 홀로 선다는 것은 두렵기도 하지만 그 이상으로 기분 좋은 일이기도 하다.

나 같은 게 무엇을 할 수 있을까

무엇 하나 부족할 것 없어 보이는 똑똑하고 잘난 사람들도 실제로는 열등감을 안고 사는 경우가 많다. 여러 이유로 자존감과 자신감이 부족하기 때문이다.

인터넷과 SNS의 발달로 현대인에게는 비교 대상이 많아졌다. 그런데 자신의 강점은 보지 않고 다른 사람의 강점만을 본다거나, 다른 사람의 강점을 통해 자신의 단점을 바라본다.

겸손을 넘어서서 자신을 비하하는 것은 정신 건강은 물론, 감정적으로도 위축되어서 사회생활에 전혀 도움이 되지 않는다.

"박 과장이 개인 사정으로 회사를 그만둬서 박 과장이 진행하던 프로젝트를 맡아줘야겠어. 잘할 수 있지?"

"네, 물론입니다."

자신 있게 대답했지만 사실 그녀는 회의감이 들었다. 직장 8년 차지만 지금까지 보조만 했지 중요한 프로젝트를 단독으로 맡은 적은 단 한 차례도 없었다.

프로젝트를 추진했던 박 과장은 영어는 물론이고 베트남어도 잘했다. 거기다 사교성도 좋아서 현지 업체 관계자들과도 곧잘 어울렸다.

'나 같은 게 과연 잘 해낼 수 있을까?'

그녀의 베트남어 수준은 중급 정도였다. 거기다가 가장 걱정스러운 부분은, 내성적이라서 사교성이 떨어진다는 점이었다.

"나 이번에 중요한 프로젝트 맡게 됐어! 잘할 수 있겠지?"

그녀가 친구들 앞에서 자랑을 하자, 친구들이 일제히 환호성을 올렸다.

"역시, 능력자야! 너라면 충분히 해내고말고!"

대학 다닐 때부터 그녀를 높이 평가해왔던 친구들은 그녀가 듣고 싶어 했던 대답을 들려주었다. 친구들과 수다를 떨다 보니 프로젝트에 대한 걱정은 잠시 잊을 수 있었다.

하지만 그뿐이었다. 잠자리에 눕자 잊고 있었던 걱정이 다시 밀려들었다. 그녀는 자신이 프로젝트를 망칠 것만 같아서 잠을 제대로 이룰 수 없었다.

열등감 콤플렉스가 있는 사람은 자신의 실제 능력에 비판적인 시각을 갖는다. 그렇다고 장점이 없는 것은 아니다. 노력 여하에 따라서 발전 가능성이 높고 겸손해 보이는 데다 타인을 배려하는 성향이 강해서, 대인 관계에서 좋은 인식을 심어줄 수 있다.

단점은 자신의 능력을 과소평가해서 자신감이 부족하고, 타인과 끊임없이 비교하다 보니 자기만족이나 성취감을 느끼지 못한 채 불만족스러운 삶을 살아간다는 점이다. 불안과 스트레스 지수 또한 높아서 업무 집중력도 떨어진다.

열등감 콤플렉스에서 벗어나기 위한 네 가지 방법이 있다.

하나, 열등감의 실체 확인하기. 열등감은 객관적 사실에 기인하기보다는 지극히 주관적인 경우가 많다. 수치화할 수 있다면 수치화해서 자신이 느끼는 열등감의 실제 크기를 확인해볼 필요가 있다.

수치화가 불가능하다면 시선을 달리해야 한다. 시선을 달리하면 장점이 단점이 되고, 단점이 장점이 되기도 한다. 예를 들어서 상대방은 외향적이고 나는 내향적인 경우, 시선을 달리하면 내향적인 성격이 단점이 아닌 장점이 된다.

둘, 다름을 인정하고 받아들이기. 인생에 정답은 없다. 천 명이 있으면 천 명 모두 각기 다른 저마다의 삶을 살아간다. 인간의 능력 또한 마찬가지다. 사람이 다르니 능력 또한 다른 것이 당연하다. 다름을 인정하고 받아들일 때 나만의 잠재된 능력을 발휘할 수 있다.

셋, 발전시키기. 열등감 콤플렉스의 장점 중 하나는 발전의 계기로 삼을 수 있다는 점이다. 객관적으로 부족한 점이 있다면 계획을 세워서 점차 발전시켜나간다.

넷, 감정 직시하기. 열등감 콤플렉스를 느낄 때 자신의 감정 상태를 직시한다. 자신이 지금 열등감을 느끼고 있는 상태라는 걸 알아야만 부정적인 감정 표출을 줄여갈 수 있다.

> **열등감은 연약한 인간에게 자연이 준 축복이다.**
> _알프레트 아들러

열등감은 도전하고 성장할 기회를 제공하기도 한다. 잘 활용한다면 자신의 능력을 개발하기 위한 밑거름이 된다. 문제는 자신을 비하하고 자신의 능력을 과소평가해서, 부정적인 감정에 사로잡힌다는 점이다.

사실 인간의 능력에는 큰 차이가 없다. 자기 자신을 어떻게 평가하는지에 대한 차이가 실제 차이보다 훨씬 더 클 뿐이다.

즐거운 기분으로 즐거운 인생을 살아가고 싶다면 자신의 능력을 믿어야 한다. 자기 자신이 한없이 초라하게 느껴질 때면 이렇게 말해보자.

"나는 나야! 지금도 충분히 잘해내고 있어."

기분도 좋아지고, 자신감도 생긴다.

05

네까짓 게 뭔데 나한테 훈계를 해

자신의 능력을 비하하는 사람이 존재하는가 하면 자신의 능력을 실제 이상으로 착각하는 사람도 있다.

우월 콤플렉스를 지닌 사람의 장점은 높은 목표를 갖고 있고, 타인과의 경쟁을 즐기며, 주목받는 순간을 좋아한다는 것이다.

반면 단점은 무언가를 감추기 위한 수단으로 열등감을 사용한다는 것이다. 자신의 능력을 실제 이상으로 과시하고, 지나친 승부욕으로 극심한 스트레스에 시달리며, 타인의 의견을 존중하지 않을뿐더러 반대나 비판에 예민해서 공격적인 태도를 취하기도 한다.

"팀장님, 브랜드 인지도가 낮은 데다 타깃 연령대 또한 어려서 실내광고나 신문광고는 해봤자 돈만 버리는 겁니다. 옥외광고나 SNS

마케팅으로 바꿔야 합니다!"

"야, 네까짓 게 뭔데 나한테 훈계야! 네가 그렇게 잘났어?"

그는 회의 중이라는 사실도 잊고서 화를 버럭 냈다. 순간, '아차!' 싶었지만 이미 엎질러진 물이었다.

"마케팅은 이론이 아냐! 실제 결과는 이론과 다르다고, 내가 몇 번을 말해? 상사가 이야기하면 한 번쯤은 귀를 기울일 줄도 알아야지, 자기주장만 해댈 거면 뭐 하러 회의를 해!"

그는 서둘러 회의를 끝낸 뒤, 감정을 추스를 겸 옥상으로 올라갔다.

"건방진 자식!"

서울 시내를 내려다보고 있으니 흥분이 점차 가라앉았다. '내가 심했나?'라는 생각이 잠시 머릿속을 스쳤다.

사실 그는 학벌에 대한 콤플렉스가 있었다. 지방대를 졸업한 그는 콤플렉스에서 벗어나기 위해서 열심히 일했고, 그 능력을 인정받아 최연소 팀장이 되었다. 그런데 명문대 출신인 박 대리가 계속해서 자기주장을 굽히지 않자 발끈한 것이었다.

곰곰 생각해보면 박 대리의 말도 틀리지 않다. 박 대리가 자신의 말에 정면으로 반박하지 않고 표현을 달리했다면 혹은 다른 팀원의 의견이었다면 수용했을 수도 있었다.

'계속 밀어붙여야 해! 여기서 물러서면 팀장 권위만 땅에 떨어져.'

복잡했던 머릿속은 이내 정리되었다. 그러나 기분만큼은 여전히 개운하지 않았다. 뭔가 중요한 것을 놓치고 있는 기분이었다.

◇◆◇

　자신이 타인보다 우월하다는 생각 자체가 나쁜 것은 아니다. 자신감도 올라가고 실천력도 높아져서 개인적으로 성장하는 데는 물론, 사회생활을 하는 데도 여러모로 도움이 된다.

　문제는 이러한 생각이 말과 행동으로 표출될 때이다. 콤플렉스에 대한 반발이나 보상으로 사용될 경우 팀 분위기를 해칠 뿐 아니라 평판 또한 나빠진다.

　우월 콤플렉스에서 벗어나기 위한 네 가지 기술이 있다.

　하나, 단점을 정확히 인식하기. 단점이 노력해도 바꿀 수 없는 콤플렉스라면 그 사실 자체를 인정하고 받아들인다. 만약 개선 가능한 단점이라면 노력을 통해서 바꾼다.

　둘, 장점 키우기. 단점 보완에 모든 신경을 쏟기보다는 장점을 키우는 데 일정한 시간을 할애할 필요가 있다. 장점이 커질수록 콤플렉스는 점점 작아지게 마련이다.

　셋, 차이점 인정하기. 인간은 저마다 장단점이 있다. 그 차이점을 인정하면 콤플렉스를 받아들이기가 한결 편해진다.

　넷, 칭찬하기. 타인의 장점이나 행동, 성공 과정 등을 칭찬하다 보면 자신의 이미지가 긍정적으로 변해서 우월 콤플렉스를 극복하는 데 도움이 된다.

　결점이 많다는 것은 나쁜 것이지만 그것을 인정하지 않는 것은 더 나쁜 것이다.

　_블레즈 파스칼

즐거운 인생을 살고 싶다면 '나'와 '내가 가진 것'에 집중할 필요가 있다. 자신이 갖지 못한 것이나 타인이 갖고 있는 것에 집중할 때, '나'의 삶은 사라지고 거짓된 삶을 살게 된다.

살아가는 즐거움은 타인의 삶이 아닌, 자기 삶 속에 있다.

06

애쓰며 살지 않아도 돼

경쟁이 치열해지면서 '슈퍼맨·슈퍼우먼 콤플렉스'에 빠진 사람들이 적지 않다.

장점을 꼽자면, 높은 목표를 가지고, 자기 계발에 열심이며, 독립심이 강하다. 어떠한 업무도 척척 해내어 조직 내에서도 능력만큼은 인정받는다.

단점은, '이상의 나'와 거리가 벌어지거나 부합하지 못하는 행동을 했을 때 자신을 비하하며 극심한 스트레스를 받는다. 완벽주의인 데다 자신에게 엄격한 것처럼 타인에게도 엄격해서 대인 관계에서 고립되기 쉽다.

"미안해! 내가 망쳤어."

살다 보면 모든 일이 실타래처럼 꼬일 때가 있다. 오늘 그녀의 하루가 그랬다.

오늘은 오후에 해외 바이어와 중요한 미팅이 있었다. 어렵게 마련한 자리였다. 그녀는 공장에 잠깐 들렀다가 팀원을 먼저 보내고 미팅 장소로 향했다.

고속도로를 빠져나와서 차선 변경을 하다가 화물차와 접촉 사고가 났다. 차를 운행하지 못할 정도는 아니어서 그녀는 명함을 건네고 자리를 뜨려고 했다. 그러나 화물차 운전수가 경찰관과 보험회사 직원이 올 때까지 기다리라는 것이었다.

10분 뒤에 온다는 경찰관과 보험회사 직원은 40분이 지나서야 나타났다. 그녀는 서둘러 미팅 장소로 달려갔지만 약속 시간은 30분이나 지나 있었다. 바이어는 보이지 않고, 함께 만나기로 했던 팀원만 망연자실한 표정으로 앉아 있었다.

'어떻게 이런 바보 같은 실수를 할 수 있지! 다른 날도 아니고, 하필이면 오늘 같은 날…'

회사로 돌아오니 사무실 분위기가 냉랭했다. 팀원들에게는 작은 실수도 용납하지 않던 그녀가 하지 말아야 할 실수를 했으니 비난받아도 변명의 여지가 없었다.

'바보, 멍청이! 어떤 대가를 치르더라도 곧바로 사고 현장을 빠져나왔어야 했어.'

그녀는 오후 내내 중요한 미팅을 망쳤다는 자책감에 빠져 있었다. 정신을 차리고 보니 퇴근 시간이었다. 그제야 문득, 오늘이 유치원 다니는 아들의 음악회가 있는 날이라는 생각이 들었다. 부랴부랴 달려갔지만 음악회는 이미 끝나 있었다.

집으로 돌아오니 시어머니가 아들에게 저녁을 먹이고 있었다.

"죄송합니다, 어머니!"

"쯧쯧! 애 하나도 건사 못하면서 무슨 직장을 다닌다고 그래! 남편도 잘 버는데 꼭 너까지 나서서 돈을 벌어야겠니?"

그녀는 시어머니 말에 고개를 푹 숙였다. 시어머니가 집으로 돌아가자 은행에 다니는 남편이 귀가했다.

"자책하지 마, 당신 잘못 아냐. 오늘은 그냥 운수가 나빴던 거야."

남편이 사정을 듣고는 위로의 말을 건넸지만 그녀는 조금도 위로가 되지 않았다.

"아냐, 다 내 잘못이야! 오늘 같은 날은 돌발 사태를 염두에 뒀어야 했어."

"인간은 신이 아냐! 살다 보면 이런 날도 있는 거야."

남편의 위로에도 불구하고, 그녀는 자신이 그동안 아등바등 쌓아왔던 공든 탑이 무너진 것만 같아서 견딜 수 없었다.

대다수 현대인은 '현실의 나'와 '이상의 나'를 지니고 있다. '이상의 나'와 가까워지기 위해서 바쁜 나날들을 살아간다.

문제는 아무리 열심히 살아도 '현실의 나'와 '이상의 나' 사이가 점점 벌어질 때 생긴다. 스스로에게 실망하게 되고, 심한 경우 삶의 의욕마저 잃고 만다.

이런 상황을 타개하기 위해서는 몇 가지 방법이 있다.

하나, 완벽주의에서 벗어나기. '이상의 나'가 완벽할수록 시간이 지나면 점점 '현실의 나'와 멀어진다. 인간은 신이 아니다. 모든 걸 잘하고 싶지만 모두 잘할 수는 없다.

둘, 현실적인 목표 설정하기. 계획대로 상황이 흘러가지 않고, 계속해서 문제가 발생한다면 상황이 바뀌었기 때문이다. 목표도 현실에 맞게 재설정해야 한다.

셋, 생각 바꾸기. 모든 일을 자신이 직접 처리해야 한다는 생각 자체를 바꿔라. 시간이 부족해서 직접 하기 힘든 일에는 도움을 청한다.

넷, 용서하는 마음 갖기. 타인이 실수를 저질렀을 때는 물론이고 자신이 실수를 저질렀을 때도 엄격한 잣대를 들이대 비난하기보다는 너그러운 마음으로 용서한다.

다섯, 자기만을 위한 시간 갖기. 하루 중 자신만의 시간을 정해서 인생 전반을 돌아보는 시간을 갖는다. 재충전을 할 수도 있고, 마음의 여유도 생겨서 삶이 풍요로워진다.

> 용서하는 것이 용서받는 것보다 낫다. 우리는 주저하지 말고 용서해야 한다. 그럼으로써 우리 자신도 누군가로부터 또는 신으로부터 용서받을 수 있다.
>
> _버트런드 러셀

열심히 살아가는 사람은 멋지다. 그러나 지나치게 엄격한 사람은 멋지다기보다는 강박해 보인다.

당신은 지금까지 잘 살아왔다. 너무 애쓰며 살지 않아도 인생을 잘 살아갈 수 있다. 하루에 한 번쯤은 하늘을 올려다보는 습관을 기르자.
마음도 넓어지고 기분도 한결 좋아진다.

✹ 간단하게 열등감을 다스리는 6가지 좋은 습관

1. 성공 경험 회상하기

인간은 사회적인 동물이기에 사회적 인정을 받았던 성공 경험을 중시 여긴다. 살아오면서 성공을 거두었던 경험을 회상하는 것만으로도 뇌에서는 행복 호르몬인 도파민이 분비된다. 열등감에서 벗어날 수 있을뿐더러, 자기효능감이 되살아나서 자신감을 회복하는 데 도움을 준다.

▶ 따라 하기 ▶ 성공 경험 회상하기

▼ 사색할 수 있는 장소를 찾는다. 타인의 방해를 받지 않는 곳이라면 사무실이어도 상관없다.

▼ 성공했던 경험 중에서 하나를 선택한다. 현재 느끼는 열등감에서 효과적으로 벗어날 수 있는 성공 경험을 고른다.

▼ 성공 경험을 음미한다. 성공했을 때 느꼈던 감정과 주변 사람의 반응, 그로 인해서 얻었던 현실적 이익 등을 세세하게 되살린다.

▼ 그때의 감정을 최대한 느껴본다. 기쁨·행복·만족·성취감 등을 다시 떠올린다.

▼ 성공 원인을 분석한다. 어떻게 성공할 수 있었는지, 그 과정에서

기울였던 노력과 전략 등을 되짚어본다.

2 비교 멈추기

우리는 자신의 능력과 성취를 평가하기 위해서 타인과 비교하는데, 이는 종종 부정적인 결과를 초래한다. 타인과 비교해서 부족함을 느낄 때 뇌는 위험 신호로 인식하고, 부신에서 스트레스 호르몬을 분비한다.

'최고의 순간'을 담아서 올리는 SNS를 보면서 자신과 비교하는 건 어리석은 짓이다. 자신감은 잃고 열등감만 심해질 뿐이다. 당신이 열등감을 느끼는 까닭은 누군가와 비교하고 있기 때문이다. 인생은 방향과 자신만의 속도가 중요하다. 비교하기만 멈춰도 울적했던 기분이 사라진다.

▶따라 하기 ▶비교 멈추기

▼ 상대방 칭찬하기. 비교 대상에 열등감을 느낄 때 시기하고 질투하기보다는 최대한 칭찬한다 "잘한다!", "멋있다!", "열심히 살았구나!" 하고 진심을 담아 칭찬한다. 열등감은 사라지고 '나도 해봐야겠다!'는 도전 정신이 되살아난다.

▼ '나는 나'라는 생각 떠올리기. 비교를 멈추고 '나는 나'라는 생각을 떠올린다. 나는 그 누구와도 대체할 수 없는 세상에서 가장 소중한 존재임을 상기한다.

▼ 성장 확인하기. 나의 목표가 무엇이며, 지금 어느 지점까지 올라왔는지를 확인한다.

▼ 나 자신 칭찬하기. 지금까지 기울여왔던 노력을 떠올리면서 오늘도 열심히 살아가고 있는 나를 칭찬한다.

3. 감사하기

감사하는 마음이 중요한 이유는, 우리가 혼자 분리되어 살아가는 것이 아니라 다른 사람과 연결되어 있음을 은연중에 깨닫게 하기 때문이다. 전체 속에서 자신을 바라보면 시야가 편협해지는 것을 막을 수 있다. 또한 자기가 갖지 못한 것에 대한 욕심은 줄여주고, 가진 것의 소중함을 깨닫게 한다.

▶ 따라 하기 ▶ 감사하기

▼ 내가 평소 소중하게 생각하는 것들을 떠올린다.

▼ 그것들이 나에게 가져다주는 의미와 가치에 대해서 생각한다.

▼ 내가 가진 것들에 대해서 일일이 감사한다. 이때 구체적으로 소리 내어 말하면 더 효과적이다. 이를테면 이런 식이다.

"건강한 몸을 갖고 있음에 감사한다."

"나에게 문제 해결 능력을 주신 신에게 감사한다."

▼ 감사 일기 쓰기. 매일 밤, 하루를 살면서 감사했던 일들을 세 가지씩 적는다. 감사 일기는 내가 가진 것의 소중함을 깨닫게 해서, 삶을 한층 풍요롭게 한다.

4. 자기 성찰

자기 성찰은 내적 가치를 발견할 수 있어서, 비교와 경쟁으로부터 벗어나는 데 효과적이다. 성찰을 통해서 자신의 말과 행동을 돌아봄으로써 부정적이었던 사고방식을 바로잡을 수 있다. 또한 자기 자신에 대한 이해의 폭이 넓어져서 긍정적인 자아를 형성할 수 있다.

▶ 따라 하기 ▶ 자기 성찰하기

▼ 집중할 수 있는 장소 선정하기. 장시간 혼자서 사색에 잠겨 있어도 방해받지 않을 장소를 선정한다.

▼ 나의 열등감에 대해서 질문하고 대답하기. 내가 언제, 어디서, 무엇을, 어떻게, 왜 열등감을 느끼는지 분석하고 탐구한다.

▼ 열등감이 타당한지 분석하기. 나의 강점과 약점, 성공한 일과 실패한 일 등을 열거해서 수치화하고 객관적으로 분석한다.

▼ 수용하기. 타인보다 부족한 점이 있다면 과장하거나 축소하지 말고 그 크기 그대로 받아들인다.

▼ 보편화하기. 인간은 누구나 한 가지씩 부족한 점이 있고, 나 역시 부족한 점이 있다는 사실을 인정한다.

5. 대화하기

가족이나 가까운 지인 혹은 전문가와 대화를 나누면, 파트너와의 상호작용에 의해 신경전달물질인 도파민과 세로토닌의 분비가 증가하고 열등감이 완화된다.

열등감을 솔직하게 토로하다 보면 문제 상황을 정확히 이해하게 되어서, 해결책을 찾는 데도 여러모로 도움이 된다. 또한 혼자 있을 때와는 달리 상대방을 의식해서 적극적으로 행동하게 됨으로써 열등감을 완화하고 자신감을 증진할 수 있다.

▶ 따라 하기 ▶ 대화하기

▼ 파트너 선정하기. 긍정적인 대답을 해줄 수 있는 대화 파트너를 선택한다.

▼ 열등감 털어놓기. 나의 열등감에 대해서 상세하게 털어놓는다. 상세하게 설명할수록 대화 파트너로부터 많은 도움을 받을 수 있다.

▼ 조언 듣기. 대화 파트너의 대답을 주의 깊게 듣고 이해한다. 비록 관점이 다르더라도 반발하기보다는 최대한 이해하고 받아들이려고 노력한다. 만약 이해되지 않는 경우 파트너가 말한 내용을 요약해서 확인하는 과정을 거친다.

▼ 해결책 찾기. 대화 파트너와 함께 열등감을 극복하기 위한 적절한 대책을 찾는다. 이 과정에서 열등감을 상당 부분 완화할 수 있다.

▼ 긍정적으로 생각하기. 일단 해결책을 찾았으면 긍정적인 생각과 태도를 취한다.

▼ 감사의 말 전하기. 대화가 끝났으면 파트너의 지지와 도움에 대해서 감사를 표한다. 감사의 마음을 전하는 것만으로도 마음의 여유가 생겨서 어느 정도 열등감을 극복할 수 있다.

6. 성취감 느끼기

작은 목표를 정하고, 이를 달성하고 나면 성취감을 느낀다. 이때 자신에 대한 긍정적인 자아가 강화되어서 열등감을 극복하는 데 도움이 된다. 또한 자기효능감이 증가해서 자기 자신의 능력에 대한 믿음과 함께 어려운 일도 해낼 수 있다는 자신감이 생긴다.

▶ 따라 하기 ▶ 성취감 느끼기

▼ 목표 설정하기. 현실적이고 달성 가능한 작은 목표를 설정한다.

▼ 계획 세우기. 목표를 분석하고, 달성을 위한 계획을 세운다.

▼ 목표 달성하기. 도전을 통해서 목표를 이룬다.

▼ 성취감 느끼기. 성공의 기쁨을 마음껏 느껴본다.

▼ 다른 목표 찾기. 계속해서 작은 목표에 도전하며 성취감을 느낀다.

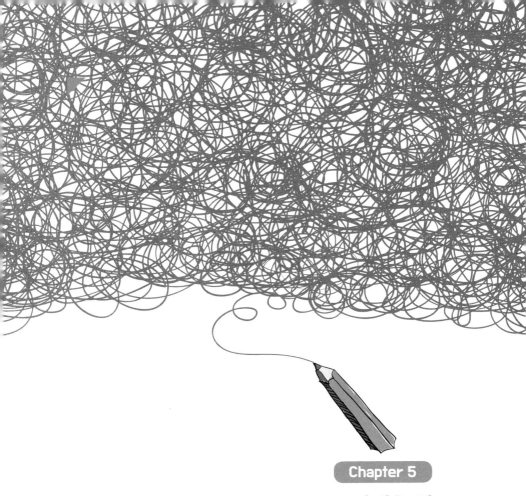

Chapter 5

인생은 왜
내 뜻대로 흘러가지 않는 걸까

불평불만이란 아무리 고상한 내용이어도
어떠한 이유 때문이라 하더라도
전혀 쓸 모 없다.
_ 랄프 왈도 에머슨

이 돈 받고 어떻게 살아

연봉이 낮으면 경제적으로 불안을 느끼고, 생활의 질이 떨어져서 각종 스트레스에 노출된다. 또한 노력에 대한 적절한 보상이 이루어지지 않았다는 생각에 회사는 물론이고 세상에 대해서 불평불만이 생긴다.

자존심도 상하고, 자존감에 상처를 입기도 한다.

그녀는 대학을 졸업하고 2년 동안 대기업이나 중견기업에 입사하기 위해서 수백 번 문을 두드렸지만 실패했다. 결국 눈을 낮춰서 중소기업에 취업했다.

어렵사리 입사했건만 첫 월급 명세서를 받자 한숨이 절로 나왔다. 계약 연봉에서 4대보험을 제하고 나니 실제 수령액은 예상보다 더 형편없었다.

'이 돈 갖고 어떻게 살아?'

고향이 대구인 그녀는 대학에 입학할 때부터 서울에서 원룸을 얻어 생활하고 있었다. 취직하기 전까지는 부모가 도와줬지만 이제는 혼자 힘으로 살아야 했다.

월세, 관리비, 식비, 각종 공과금, 휴대전화 요금, 옷과 화장품 값 등을 제하고 나니 문화생활은 물론이고 경조사비 내기조차 버거웠다.

SNS에 올라오는 친구들의 삶은 화려했다. 같이 공부해서 같은 대학을 나왔음에도 삶의 수준은 하늘과 땅이었다.

'이건 공평하지 않아!'

직장을 다니면서도 그녀의 기분은 항상 바닥이었다. 업무량은 많았고, 상사는 별것 아닌 일로 잔소리를 해댔다.

그녀는 쉴 새 없이 혼잣말로 투덜거렸고, 하루에도 몇 번씩 퇴사 욕구를 느꼈다. 그러나 입사한 지 얼마 되지 않은 데다 퇴사해도 별다른 대책이 없었기에 참고 또 참아야 했다.

"왜 이렇게 기운이 없어? 회사에서 무슨 일 있었어?"

고향에서 반찬을 들고 올라온 어머니가 그녀의 표정을 살피다 깜짝 놀라 물었다.

"몰라! 피곤해."

어머니와 계속 대화하다가는 눈물을 쏟을 것만 같아서 획 돌아서서 방으로 들어갔다.

◇◆◇

2022년 4분기 국세청 자료에 의하면 억대 연봉자는 112만 3천 명이고, 비율은 전체 근로자 중 5.6%에 달한다. 평균 연봉은 4,024만 원이다.

그러나 청년들은 전체적으로 임금이 낮다. 타인에게 자랑할 만큼 높은 연봉을 받는 사람은 소수이고, 저임금으로 고통받는 청년은 다수이다.

저임금을 받아도 인생은 계속되고, 고임금을 받아도 인생은 계속된다. 스스로 해결책을 찾아서 기분을 관리하지 않으면 투덜거리다가 한 번뿐인 인생을 탕진할 수 있다.

현재 상황을 타개하고 싶다면 몇 가지 해결책이 있다.

하나, 예산 관리하기. 가계부를 작성해서 수입과 지출을 철저히 관리한다. 수입보다 지출이 많을 경우, 고정 비용을 줄이거나 필요 없는 지출을 줄이는 방법 등을 찾아본다.

둘, 추가 수입원 찾기. 부업으로 할 수 있는 일을 찾는다. 몸은 고단해도 경제적인 여유가 생기면 마음이 한층 여유로워진다.

셋, 자기 계발하기. 업무 역량을 높이기 위해서 필요한 자격증을 취득하거나 외국어 공부를 하거나 대학원에 진학하거나 세미나, 워크숍, 콘퍼런스 등에 참여한다. 새로운 목표를 세우면 희망이 생기고, 희망이 생기면 불평불만도 사라진다.

넷, 긍정 마인드 갖기. 직장을 아예 못 구한 사람도 있고, 우리보다 더 형편없는 저임금에 시달리는 사람도 있다. 모든 어려움은 시간이 차차 해결해줄 것이라는 긍정 마인드로 무장하면 기분도 한결 나아진다.

> 불평은 나 자신을 약하게 하는 방법이다. 강한 사람은 불평을 입에 올리지 않는다.
> 구멍 난 나의 마음을 불평이 아니라 진실로 메워나가야 한다.
> _필립 체스터필드

주변을 보면 항상 불평불만을 터뜨리며 투덜대는 사람이 있다. 반면 어떤 경우에도 불평불만을 터뜨리지 않는 사람도 있다. 불평불만도 일종의 습관이다.

불평불만을 터뜨리기만 하는 사람은 해결책이 없기 때문이다. 성공하는 사람은 불편한 상황에 직면했을 때 투덜대기보다는 해결책을 모색한다.

삶은 좀처럼 우리 뜻대로 흘러가지 않는다. 삶이 우리 뜻대로 흘러가도록 다양한 노력을 기울이며 사는 것이 인생이다.

연봉이 적다고 투덜대지 마라. 오히려 기분만 더 나빠질 뿐이다.

아무도 나를 이해하지 못해

스마트폰을 만지작거리거나 게임하거나 텔레비전 보는 시간이 점점 늘어나면서, 친구와는 물론이고 가족끼리 대화하는 시간은 점점 줄어들고 있다.

인간은 이해받고 싶고, 인정받으려는 욕구가 있다. 이런 욕구가 충족되지 못하면 불평불만으로 이어진다.

그는 요즘 심각한 고민에 빠져 있다.

중고등학교 때부터 그의 꿈은 여행 작가였다. 여행하면서 찍은 사진과 글을 잡지에도 싣고, 책도 펴내고, 강연도 하면서 살고 싶었다.

그는 고등학교를 졸업하고 사진학과에 입학하려고 했다. 그러나 부모가 필사적으로 만류했다. 결국 한 번도 생각해보지 않았던 경제

학과에 입학해야 했다.

졸업 후에는 대기업에 취업했다. 세월은 빠르게 흘러 어느덧 직장 생활 8년 차가 되었다. 결혼을 눈앞에 두고 있었는데, 여자의 갑작스 런 변심으로 파혼했다.

그때부터 직장 생활에 회의가 밀려왔다. 퇴근 후 그의 유일한 낙은 여행 유튜브를 보는 것이었다. 그렇게 6개월쯤 지나자 까맣게 잊고 있었던 여행 작가의 꿈이 되살아났다.

'한 번뿐인 인생인데 더 늦기 전에 하고 싶은 걸 하며 살아야 하는 거 아냐?'

그는 퇴사하고 여행 유튜버에 도전해야겠다고 다짐했다. 반응도 보고 조언도 들을 겸 주변 사람들에게 생각을 털어놓았다. 그러자 가 족과 친구들이 펄쩍 뛰었다.

"꿈 깨! 유튜버로 성공하기는 낙타가 바늘구멍에 들어가는 것보다 어려워!"

"여행도 여행일 때나 재미있지, 일이 되면 노동이야. 한동안은 모아 놓은 돈으로 버틸 수 있겠지? 근데 그 돈 다 쓰면 어떻게 할 건데?"

"여행 유튜버도 차고 넘쳐서, 자기만의 색깔이 없으면 구독자 천 명 넘기기도 힘들대."

다들 생각해주는 척하며 의견을 제시했지만 정작 그의 생각은 귀 담아듣지 않았다. 그들은 인터넷에서 얻은 정보를 열심히 토해내며 그의 입을 막았다.

반대 의견이 심하다 보니 결심이 흔들렸다. 그는 이러지도 저러지 도 못한 채 직장 생활을 이어나갔다.

"세상은 혼자 사는 곳이야. 아무도 나를 이해하지 못해!"

그는 언제부턴가 혼잣말로 투덜거리는 버릇이 생겼다. 자신의 진심을 알아주는 이가 하나도 없다는 사실에 불쑥불쑥 화가 치밀곤 했다.

인생을 살아가면서 사람들과의 소통은 대단히 중요하다. 가족이나 지인의 지지와 응원은 물론 중요하다. 하지만 그보다 더 중요한 것은 자신의 생각이요, 주도적인 행동이다.

계획을 실천으로 옮기려면 전략이 필요하다.

하나, 소통하기. 가족이나 지인들이 우리 이야기에 귀를 기울이지 않는 상황이라면 우리 역시 그들의 이야기에 귀를 기울이지 않고 있을 확률이 높다. 자신의 마음부터 활짝 개방한 뒤 솔직하게 토론하라. 서로가 서로의 생각과 관점을 이해하고 수용하면 소통이 쉬워진다.

둘, 역량 증명하기. 성인이라면 막연히 꿈만 꿀 것이 아니라 실천에 옮겨야 한다. 여행 유튜버 활동을 본격적으로 시작하기 전에 여행 블로그를 운영하거나, SNS에 사진과 글을 공유하며 자신의 역량과 잠재력을 보여준다.

셋, 정보 제공하기. 자신과 비슷한 사람의 성공 사례를 구체적으로 제공함으로써 유튜버로서의 성공이 막연한 것이 아님을 어필한다.

넷, 증거 제시하기. 유행 유튜버가 되기 위해서 그동안 기울인 노력, 구체적인 계획, 실패로 돌아갔을 경우의 대안까지 마련해서 설득한다.

다섯, 지지를 받을 수 있는 커뮤니티에서 활동하기. 여행 작가나 여행 유튜버 커뮤니티에 가입한다. 여행 관련 이벤트나 워크숍에 참여하고, 온라인 플랫폼을 통해 다른 여행 작가들과 교류하며 정보와 노하우를 공유한다.

> 직업에서 행복을 찾아라. 그렇지 않으면 행복이 무엇인지 모를 것이다.
> _엘버트 허버드

직업에서 행복을 찾는 일은 사실 쉽지 않다. 대다수의 성인이 자신의 꿈과 무관한 직업을 갖고 살아간다. 그럼에도 불구하고 우리가 직업에서 행복을 찾아야 하는 이유는, 그래야만 즐거운 기분으로 인생을 살아갈 수 있기 때문이다.

아무리 소중한 사람도, 우리 인생을 대신 살아줄 수는 없다. 심혈을 기울여서 설득해보고, 그래도 반대한다면 자기 스스로 결정을 내려야 한다.

불만에 가득 찬 상태에서 안주하며 사는 삶보다는 비록 성공 가능성은 낮을지라도 희망을 안고 살아가는 삶이 더 즐겁고 행복하다.

하루하루를 기분 좋게 살아갈 수 있다.

왜 내 결혼 생활만 불행할까

불행해지기 위해 결혼하는 사람은 아무도 없다. 그런데 예상처럼 행복한 결혼 생활을 하는 사람 또한 많지 않다.

연애가 낭만이라면 결혼은 현실이다. 각기 다른 생각을 하며 각기 다른 환경에서 살아왔으니 충돌하고 부딪치는 것이 정상이다.

"박 서방은 잘 지내니?"

"남편이고 뭐고 다 귀찮아. 마음 같아서는 외딴섬에 가서 한 달쯤 늘어지게 잠이나 자면서 지내고 싶어."

"결혼한 지 고작 5년 됐잖아? 이제 시작인데 벌써부터 그러면 어떡해?"

"엄마, 나 결혼 괜히 했나 봐. 결혼 생활이 행복하지 않아!"

그녀는 얼떨결에 속마음을 털어놓았다. 친정어머니는 좋은 말로 한참을 다독였지만 조금도 위로가 되지 않았다.

어머니와의 통화를 끝내고 곰곰이 생각해보았다.

그녀는 결혼정보업체를 통해서 회사원인 남자를 만나 1년 연애 끝에 결혼했다. 결혼하고 얼마 지나지 않아서 아이를 출산했다.

출산 휴가를 썼고, 1년 뒤 다시 직장에 복귀했다. 아이는 지방에 사는 시부모에게 맡겼다. 주말에 내려가서 아이와 함께 지내다가 서울로 돌아올 때면 허전함과 아쉬움에 눈물을 흘리곤 했다.

아이가 세 살이 되자 더는 이렇게 살 수 없다는 생각이 들었다. 그녀는 직접 육아하기로 결심하고 아이를 집으로 데려왔다. 출근할 때 어린이집에 맡겼다가 퇴근하면서 데려왔다.

그때부터는 시곗바늘이 정신없이 돌아갔다. 직장 생활과 육아와 살림을 병행하다 보니 스트레스가 이만저만이 아니었다.

남편도 처음에는 옆에서 도왔으나 오래가지 못했다. 주중에는 술에 취해서 늦게 들어오기 일쑤였고, 주말에도 거래처와의 중요한 약속이 있다면서 아침 일찍 집을 나섰다가 밤늦게야 돌아오곤 했다.

육체의 피로도 문제지만 더 큰 문제는 정신적인 외로움이었다. 똑같이 직장을 다니는데 혼자서 육아와 살림을 떠맡고 있다고 생각하니 그렇게 허전할 수가 없었다. 허전함을 달래느라 밤마다 폭식을 하다 보니 결혼 전에 비해 체중도 10킬로그램이나 늘었고, 건강 상태도 점점 나빠졌다.

"당신이 계속해서 육아와 살림을 방치한다면 직장 그만 둘 거야!"

설득도 하고, 눈물로 애원도 해봤지만 그때뿐이었다. 얼마 지나지 않아서 남편은 본래의 생활로 되돌아갔다.

'다들 잘 사는 것 같은데 왜 나만 불행할까?'

마음 같아서는 이혼하고 싶지만 아이 때문에 차마 그럴 수도 없었다. 그녀는 언제부터인가 자신도 모르는 사이에 혼잣말로 투덜거리곤 했다.

"내가 눈이 삐었지! 어쩌자고 저런 무책임한 남자에게 마음을 뺏겼을까."

행복한 결혼 생활은 부부의 자발적인 참여로 완성된다. 한 사람의 희생으로 유지되는 결혼 생활이란 잘못된 것이다.

배우자에 대해 투덜거려봤자 상황은 바뀌지 않는다. 오히려 더 나빠질 뿐이다. 상황을 직시하고 해결책을 찾아야 한다.

하나, 소통하기. 배우자와의 충분한 대화를 통해서 현재 상황을 정확히 인식하도록 하는 것이 급선무다. 배우자에게 상황을 개선하기 위한 의지가 있는지 확인할 필요가 있다.

둘, 자기만의 시간 챙기기. 가족이나 친구 혹은 지역 사회의 도움을 받아서 스트레스를 완화하기 위한 자기만의 시간을 마련한다. 그 시간에 휴식을 취하거나 명상을 하거나 취미 활동을 하거나 운동을 하면서 재충전을 한다.

셋, 전문가에게 도움 요청하기. 배우자와의 대화만으로 해결되지 않을 경우, 갈등 해소 및 문제 해결을 위해 가족 상담사에게 도움을 받는다.

> 결혼만큼 나의 본질적인 행복이 걸려 있는 것은 없다. 결혼 생활은 참다운 뜻에서
> 연애의 시작이다.
>
> _요한 볼프강 폰 괴테

즐거운 기분으로 인생을 살아가고 싶다면 행복한 결혼 생활이 될 수 있도록 지혜를 짜내고 모든 힘을 쏟아야 한다. 투덜거린다고 불평불만이 해소된다면 세상은 투덜거리는 자들로 가득 차지 않겠는가.

최선을 다했음에도 여전히 결혼 생활이 불행하다면 좋은 시절이 다 흘러가버리기 전에 이혼을 고려해야 한다.

폭풍우가 지나가면 해가 비치듯이, 때론 가장 어려운 선택이 가장 단순한 해결책이 될 수도 있다.

04

왜 내가 입만 열었다 하면 반대해

회사든 가정이든 친목 모임이든 간에 사사건건 우리 의견에 반대를 하는 사람이 더러 있다. 가치관과 신념이 다르기 때문일 수도 있고, 문화가 다르기 때문일 수도 있고, 우리를 경쟁자로 의식해서 그럴 수도 있고, 우리가 틀렸기 때문일 수도 있다. 어쩌면 우리가 커뮤니케이션 능력이 부족해서 의견을 제대로 전달하지 못했기 때문인지도 모른다.

원인이 무엇이든 간에 우리 의견에 대해서 계속 반대하는 사람이 있다면 불평불만이 생길 수밖에 없다.

여름 시즌을 앞두고 '여름 특별 기획 상품전' 회의 시간이었다. 그는 김 과장을 한 번 힐끗 쳐다본 뒤 조심스럽게 입을 열었다.

"아무래도 행사니까 떠들썩해야 잔칫집 기분이 나잖아요? 작년처럼 올해도 이벤트 마케팅을 했으면 합니다. 만국기도 걸고, 춤추는 풍선도 세우고, 케이 팝도 틀고, 레크레이션 강사를 초빙해서 게임도 하고, 경품 추첨도 해야 소비자의 눈과 마음을 사로잡을 수 있습니다."

다들 그의 말에 고개를 끄덕였다. 호응이 좋아서 내심 뿌듯해하고 있는데, 아니나 다를까 김 과장이 반대 의견을 내놓았다.

"작년에 경험해봐서 다들 아시죠? 오프라인 이벤트 마케팅이 수고와 비용에 비해서 효과가 미미하다는 것쯤은. 그래서 올해는 온라인 마케팅 위주로 했으면 합니다. SNS를 활용해서…."

김 과장이 한참 동안 의견을 개진했지만 그의 귀에는 들어오지 않았다.

'젠장! 점심 메뉴 고를 때조차도 내 의견에 반대하는 인간이 회의 시간에 가만히 있을 리가 없지.'

그는 속으로 투덜거렸다. 성질 같아서는 달려가서 멱살잡이라도 하고 싶었다. 하지만 이곳은 회사였고, 김 과장은 엄연한 상사였다.

'전생에 원수였나? 왜 사사건건 내가 하는 말을 물고 늘어지는 거지?'

아무리 이해해보려고 해도 도무지 이해되지 않았다.

인간은 스스로가 가치 있고, 존중받을 자격이 있다고 생각한다. 그런데 누군가가 자신의 말을 반대한다면 무시당하는 느낌이 든다.

조직 속 인간은 소속감을 느끼고 싶어 한다. 생각과 가치관을 공유하고 싶은데 상사가 지속적으로 반대한다면, 조직에서 배척당하는 것 같아서 기분이 나쁘다.

그러나 투덜거린다고 문제가 해결되지도, 기분이 나아지지도 않는다. 오히려 누군가가 엿듣게 되면 상황만 나빠질 뿐이다.

기분 전환을 하고 싶다면 몇 가지 해결책이 있다.

하나, 의견 조율하기. 회의 전에 미리 아이디어를 정리해서, 반대 의견을 내놓는 상사에게 보여주며 피드백을 받는다.

둘, 의견 덧붙이기. 회의 시간에 상사가 의견을 내놓으면 그 아이디어를 칭찬한 뒤, 살짝 내 의견을 덧붙인다. 이때는 '그러나' 대신 '그리고'라는 표현을 사용한다.

셋, 개인적인 비밀 털어놓기. 사적인 자리에서 상대방에게 개인적인 비밀을 털어놓는다. 개인적인 친밀도를 높이는 데 도움이 된다.

넷, 면담하기. 상사와의 면담을 통해서 자신의 의견에 반대하는 이유를 물어본다. 직접적으로 묻기 어려우면, 조직 생활을 잘하고 싶어서 조언을 구하는 형식을 취한다.

> 오직 바보나 죽은 자만이 끝끝내 자신의 의견을 바꾸지 않는다.
> _제임스 러셀 로웰

인간은 자신의 의견이 절대적으로 옳다고 생각하는 경향이 있다. 이런 생각은 위험하다. 세상에서 가장 현명한 철학자의 의견이라도 틀릴 수 있다.

누군가가 자신의 의견에 계속 반대만 한다면 투덜대기보다는 자기 생각을 효과적으로 전달할 방법을 찾아라.

또한 인생을 즐겁게 살고 싶다면 자신의 의견에 대해서 집착하지 마라. 좀 더 유연한 사고를 지녀라. 상대방이 아무리 물고, 뜯고, 할퀴어도, 그것은 단지 의견일 뿐이다.

나 같은 인간은 죽어야 해

인간의 욕망은 끝이 없다.

인류는 진화 과정을 통해서 성공이나 재물을 안전장치로 인식하는 경향이 있다. 그러다 보니 수단 방법을 가리지 않고 권력을 쥐려고 시도하고, 부자는 더 많은 돈을 벌기 위해서 혈안이 된다.

밑은 내려다보지 않고 위만 올려다보며 살다 보니 불평불만이 생길 수밖에 없다.

"아, 2천만 원만 더 써냈으면 내 건물이 되는 건데…. 그까짓 2천만 원 아껴서 무슨 놈의 부귀영화를 누리겠다고…."

그는 친구들과의 저녁 만찬에서 앵무새처럼 같은 말만 되풀이했다. 위로하다 지친 친구들이 절레절레 머리를 저었다.

오전에 그는 건물 경매에 참석했다. 가장 높은 가격을 적어낸 사람이 최고가매수신고인으로 결정되는 기일입찰이었다. 오래전부터 발품도 팔고, 권리 분석도 해서, 낙찰가를 정했다. 그래도 혹시나 몰라서 1천만 원을 더 적었음에도 2천만 원 차이로 아쉽게 놓쳤다.

"나 같은 인간은 죽어야 해! 건물을 매입하려고 그동안 얼마나 많은 공을 들였는데, 그까짓 2천만 원 때문에…."

"야, 너 빌딩 컬렉터냐? 지금도 세 채나 있잖아! 죽는소리 그만해. 여기 건물은커녕 자기 아파트도 없는 사람도 있어."

친구들이 면박을 주었지만 그의 울적한 기분은 나아지지 않았다. '놓친 고기가 더 크다'는 말이 실감났다. 갖고 있는 건물보다도 갖지 못한 건물이 훨씬 더 탐스러워 보였다.

인간은 욕망하는 존재다. 욕망은 본능이다. 인간은 원시시대부터 생존에 필요한 것들을 욕망해왔다. 현대에 와서는 절실함이 떨어지는 것들도 있다. 재물도 그중 하나다. 먹을 것이 없던 시절에는 재물이 생존을 좌우했다. 하지만 이제 그런 시절은 지났다. 재물이 커다란 행복을 가져다주지는 않는다. 현대에는 오히려 스트레스나 불행을 주기도 한다.

욕망을 조절하는 데는 몇 가지 방법이 있다.

하나, 삶의 우선순위 정하기. 욕망이 계속 몸집을 불리는 것을 막으려면 삶의 우선순위를 정하라. 내 삶에서 어떤 것이 정말 중요한지를 깨달으면 욕망을 조절하기가 한결 쉬워진다.

둘, 욕망 이해하기. 자신의 욕망이 정말로 필요한 것인지, 그 욕망이 원하는 행복을 가져다주는지에 대해서 파악할 필요가 있다. 재물에 대한 집착은 어린 시절의 가난에 대한 보상심리에서 출발했을 수도 있다.

셋, 감사하기. 현재의 삶에 감사한다. 자신이 가진 것에 감사하다 보면 욕망도 자연스레 줄고, 좀 더 풍요롭고 만족한 삶을 살 수 있다.

> 현명한 자는 자신의 욕망을 지배하지만 어리석은 자는 자신의 욕망에 지배당한다.
> _탈무드

재물에 대한 욕망을 줄이고, 삶의 다른 측면에 집중한다면 훨씬 행복하고 만족한 삶을 살아갈 수 있다.

돈 벌 기회를 놓쳤다고, 혹은 돈이 없다고 투덜대지 마라. 한 번뿐인 인생인데, 평생 돈의 뒤꽁무니만 쫓다가 끝낼 수는 없지 않은가.

'인생은 돈으로 사는 건 아니다'라는 생각만 가슴에 품고 살아도 인생의 다양한 측면을 볼 수 있고, 기분도 한결 좋아진다.

06

왜 내 삶만 버거운 걸까

컴퓨터와 인터넷의 발달은 세계를 하나로 통합했다. 온라인상에서는 신분, 지역, 나이를 초월해서 지구 반대편에 사는 사람 누구와도 친구가 될 수 있다.

그러나 다수의 현대인은 지독한 외로움에 시달리고 있다. 대가족에서 핵가족, 1인 가구 시대로 가족 형태가 바뀌면서 대화 상대가 점점 사라지는 실정이다.

SNS를 들여다보면 세상은 화려한데, 자기 혼자만 초라해서 삶이 버겁게 느껴진다.

중견기업 재무팀에서 일하는 그녀의 집은 경기도이다. 출퇴근 시간이 오래 걸려서 회사 근처에 오피스텔을 얻어서 혼자 살고 있다.

연봉이 많지는 않아도 혼자 살아가기에는 부족함이 없다. 주택부금과 함께 매월 조금씩 적금을 붓고 있다. 업무량이 많아서 고되기는 해도 특별한 문제는 없다.

부부 교사였던 부모님은 정년퇴직을 했다. 그동안 모아놓은 돈과 퇴직 연금으로 세계 여행 중이다. 두 살 위인 오빠는 얼마 전 결혼해서 신혼 생활을 즐기고 있다.

결혼 적령기이다 보니 친구들과는 SNS로 연락을 자주 주고받아도 실제 만남은 한 달에 한두 번 정도이다.

그녀는 얼마 전부터 부쩍 혼잣말이 늘었다.

"나는 도대체 왜 사는 걸까? 이놈의 일은 해도 해도 끝이 없어."

밤늦게까지 회사에 남아서 밀린 업무를 처리하다 보니 웬지 눈물이 핑 돌았다.

퇴근 후 그녀는 습관처럼 오피스텔 입구의 편의점에 들렀다. 맥주 한 캔을 사서 파라솔 의자에 앉았다. 맨 정신으로는 아무도 기다리지 않는 빈집에 들어가고 싶지 않았다.

스마트폰으로 지인들의 SNS를 들여다보고 있자니 한숨이 나왔다.

"다들 재미있게 잘 사네. 근데 왜 내 삶만 버거운 걸까?"

아무도 듣는 사람이 없지만 그녀는 비 맞은 중처럼 한동안 혼잣말을 중얼거렸다.

자기 삶의 주인은 바로 '나'이다. 삶에 불만이 있다면 스스로 바꿔야 한다. 자신이 변화하지 않으면 삶은 절대 바뀌지 않는다.

인생은 비슷비슷하다. 그 누구의 인생이든 긍정적인 면이 있고, 부정적인 면이 있다. 어느 쪽에다 마음을 두고 사느냐에 따라서 인생이 백팔십도 달라진다.

삶이 외로워서 불만이라면 외로움을 고독으로 바꿔야 한다. 외로움(loneliness)은 '자신의 의지와 상관없는 관계의 단절'을 의미하고, 고독(solitude)은 '자발적인 고립'을 의미한다.

> 누구 한 사람 아는 이 없는 곳에서 사는 것은 즐거운 일이기도 하다.
> _헤르만 헤세

외로움이나 고독은 생각하기 나름이다. 외롭다고 생각하면 끝없이 외롭지만 편하고 자유롭다고 생각하면 혼자 있는 시간이 즐겁다.

외로워서 불만이라면 몇 가지 해결책이 있다.

하나, 취미 활동 즐기기. 독서, 글쓰기, 영화, 음악 감상, 요리, 운동 등 다양한 분야에서 취미 활동을 즐긴다.

둘, 업무 스트레스 줄이기. 명상이나 여행을 하면 업무로 인한 스트레스도 줄어든다.

셋, 꿈꾸기. 어렸을 때 꾸었던 막연한 꿈이 아니라 삶에 의미와 활력을 불어넣을 수 있는 새로운 꿈을 꾼다.

❀ 간단하게 불평불만을 다스리는 6가지 좋은 습관

1. 현실적인 목표 설정하기

뇌는 현실적인 목표를 설정하면 자신의 자원과 능력을 고려해서 실현 가능한 방법을 찾아내려고 활성화된다. 목표가 현실적이고 구체적일수록 동기 부여가 되고, 목표를 달성할 경우 자신감과 함께 자기 효능감이 높아진다.

목표에 집중하는 과정에서 불만은 자연스럽게 해소되고, 삶의 만족감이 높아진다.

▶ 따라 하기 ▶ 현실적인 목표 설정하기

▼ 목표 설정하기. 내가 이루고 싶은 목표가 무엇인지 정한다. 목표는 구체적일수록 달성 가능성이 커진다.

▼ 계획 세우기. 목표 달성을 위한 구체적인 계획을 세운다. 목표를 단계별로 잘게 쪼갠 뒤 마감일을 정한다.

▼ 계획 수정하기. 의욕이 넘치면 단기간에 목표를 달성하려고 욕심을 부리게 된다. 계획을 재점검하여 자신의 현재 위치와 능력에 맞게 수정하는 과정을 반복한다.

▼ 환경 조성하기. 목표 달성에 방해가 되는 것들을 제거해서 목표

달성을 위한 쾌적한 환경을 조성한다.

▼ 진행 상황 체크하기. 계획했던 대로 잘 진행되고 있는지 중간중간 진행 상황을 체크한다. 계획과 어긋나 있을 경우, 재조정한다.

▼ 보상하기. 단계별로 목표를 달성했을 때마다 자신에게 보상을 한다. 물질적이든 정신적이든 간에 보상을 하면 동기 부여도 되고, 성취감도 느낄 수 있다.

2 해결책 찾기

문제점을 발견하면 해결하고자 하는 욕구는 인간의 자연스러운 본능이다. 뇌에서는 해결책을 찾기 위한 다양한 영역이 하나로 연결되면서 동기를 부여하고 보상을 조절하는 시스템이 활성화된다.

해결책을 찾아내기 위해서 다른 사람과 생각과 의견을 공유하는 과정에서 자존감이 높아지면서 불평불만은 줄어든다.

▶ 따라 하기 ▶ 해결책 찾기

▼ 원인 파악하기. 불평불만의 원인이 무엇인지 정확히 인식하고 정의한다.

▼ 정보 수집하기. 문제에 대한 정보를 수집해서 다각도로 분석한다.

▼ 해결책 찾기. 자유로운 환경 속에서 창의력을 발휘해서 가능한 모든 해결책을 찾아본다.

▼ 아이디어 평가하기. 실현 가능성과 비용, 기간 등을 고려해서 그 중 가장 유용한 해결책을 선택한다.

▼ 도움 요청하기. 문제를 해결할 수 있거나 해결에 도움이 될 사람

에게 도움을 요청한다.

3. 관점 바꾸기

행복과 불행은 동전의 양면과 같다. 어느 쪽에서 바라보느냐에 따라서 행복이 되기도 하고 불행이 되기도 한다. 불평불만 역시 마찬가지다. 인간의 뇌는 신경 회로망을 통해서 정보를 처리하는데 관점을 바꾸면 새로운 시각이 형성되어서 불평불만이 사라진다.

타인의 관점으로 바라보면 삶의 다양성을 이해하는 데도 도움이 되고, 대인 관계를 돈독하게 하는 데도 도움이 된다.

▶ 따라 하기 ▶ 관점 바꾸기

▼ 타당성 따지기. 나의 불평불만이 합리적이고 타당한 것인지 따져 본다.

▼ 다양성 인식하기. 세상에는 여러 관점이 존재할 수 있다는 사실을 인식한다.

▼ 상대방의 관점에서 바라보기. 최대한 상대방의 관점에서 생각하고 이해한다.

▼ 반성과 비판. 불평불만의 문제점이 나에게 있다고 느낄 경우, 반성하고 비판한다.

▼ 개선하기. 나의 성장을 위해 삶을 개선한다.

4. 표현하기

불평불만이 있다면 마음속에만 담아두지 말고, 상대방에게 솔직하게 표현한다. 아무리 생각해도 불평불만을 터뜨리는 것이 타당하다면 시도해볼 만하다. 그렇다고 자기 입장만 고수해서는 안 된다. 상대방의 입장도 충분히 이해하면서 불평불만을 해소하려고 노력을 기울인다면 오히려 관계를 발전시키고 상황을 개선할 수 있다.

▶ 따라 하기 ▶ 상대에게 말하기

▼ 감정을 정리하고 이해하기. 상대방에게 불평불만을 말하기 전에 나의 감정을 정리한 뒤, 정확히 이해한다. 무엇이 문제인지를 알아야 해결책을 찾을 수 있다.

▼ 시기와 장소 선정하기. 불평불만을 토로할 때는 단둘이 있을 수 있는 한적한 장소가 좋다. 상대방이 다른 일에 정신이 팔려 있거나 시간에 쫓기고 있을 때는 피해야 한다.

▼ 존경과 감사 표현하기. 본론을 말하기 앞서서 먼저 상대방에게 존경과 감사의 마음을 표현한다.

▼ 언성 낮추기. 불평불만을 표출할 때 감정이 높아지면 언성 또한 높아지게 마련이다. 자칫하면 공격적으로 비칠 수 있으니 최대한 언성을 낮추어 조곤조곤 말한다.

▼ 구체적인 사례와 예시 들기. 내가 불평불만을 품은 문제에 대해 구체적으로 사례와 예시를 들어가며, 솔직하고 직접적으로 표현한다.

▼ 원하는 바를 말하기. 내가 무엇을 원하는지 상대방이 이해할 수 있도록 명확하고 분명하게 말한다.

5. 긍정적인 환경 조성하기

인간은 사회적 동물이어서 주변 환경과 상호작용하면서 감정을 형성하고 조절한다. 긍정적인 환경은 소속감과 함께 안정감을 준다.

인간은 긍정적인 마인드를 지닐 때 행복을 느낀다. 긍정적인 감정은 도파민과 세로토닌의 분비를 증가시켜서, 못마땅했던 세상도 아름답게 보이게 한다.

▶ 따라 하기 ▶ 긍정적인 환경 만들기

▼ 원인 파악하기. 불평불만이 어디서부터 어떻게 비롯되었는지 냉정하게 근본적인 원인을 분석한다.

▼ 생각의 패턴 발견하기. 나의 부정적인 생각의 패턴을 찾아낸다.

▼ 나와 대화하기. 나와의 대화를 통해서 부정적인 사고에서 벗어나 긍정적인 사고로의 전환을 꾀한다.

▼ 개선하기. 나의 힘과 의지로 개선할 수 있는 부분을 찾아서 개선한다.

▼ 받아들이기. 여전히 마음에 들지 않지만 어떻게 할 수 없는 부분들은 인정하고 받아들인다.

6. 감사하기

전두엽은 뇌의 총사령관으로서 계획을 세우고 실행하고 감정을 조절하는 등의 기능을 관리 담당한다. 감사하기는 전두엽의 전두피질을 활성화하여 행복 호르몬의 분비를 촉진해 행복감을 느끼게 한다.

감사 일기를 꾸준하게 쓰면 삶의 만족도가 높아지고, 면역력도 좋아지고, 건강에도 도움이 된다.

▶ 따라 하기 ▶ 매사에 감사하기

▼ 부정적인 감정 패턴 발견하기. 불평불만이 터져 나오는 패턴을 찾아낸다.

▼ 생각을 멈춘 채 숨 돌리기. 일정 시간 동안 생각을 멈춘 채 잠시 숨을 돌린다.

▼ 감사하기. 내가 지닌 아주 사소한 것에도 감사하는 시간을 가진다.

▼ 감사 일기 쓰기. 매일 감사한 일을 찾아서 그 이유를 구체적으로 세 가지씩 쓴다.

▼ 감사한 마음 전하기. 감사한 마음을 지인이나 어려운 이웃, 혹은 자원봉사 등을 통해서 전달한다.

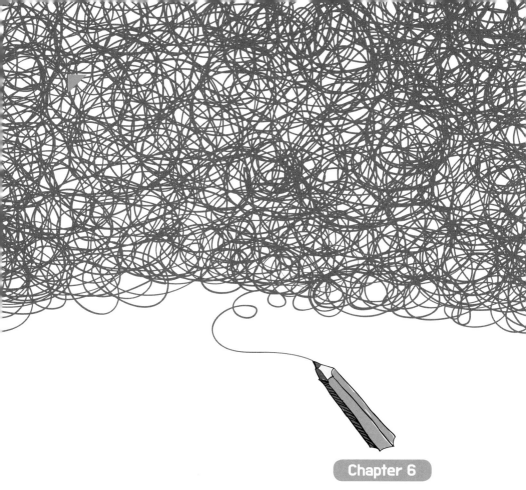

Chapter 6

아무것도 할 수 없는 자의
슬픔

기쁨이나 슬픔은 그리 오래가지 않는다.
사랑도, 욕망도, 미움도 한 번 스치고 지나가면
마음속에서 더 이상 힘을 발휘하지 못한다.
_ 어니스트 다우슨

01

우리는 정말 사랑했을까

사랑하는 사람과의 갑작스런 이별은 우리를 슬프게 한다. 안전하다고 믿었던 신뢰와 감정의 끈이 갑자기 끊어지면 외로움과 함께 무력감이 밀려온다. 장기 기억이 저장되어 있는 해마가 활성화되면서 추억이 되살아나고, 슬픔이 깊어진다. 전두엽에서는 행복한 감정을 느끼게 하는 도파민의 분비가 줄고, 부신에서 코르티솔이 분비된다.

상실감으로 인해 살아가는 의미가 한순간에 사라지고, 입맛도 뚝 떨어진다.

'우리 이제 그만하자. 잘 지내.'

그는 한밤중에 이별 통보를 받았다. 실제 만남도 아니고, 전화도 아니고, 카톡을 통해서다.

이별을 전혀 예감 못했던 건 아니지만 그래도 이건 아니다 싶었다. 그는 만나서 이야기하자고 카톡을 보냈다. 그러나 날이 바뀌도록 숫자 1은 지워지지 않았다. 전화를 걸었다. 그러나 받지 않았다. 아예 휴대전화를 꺼놓은 듯했다. 그녀의 SNS에 들어가보았다. 모두 비공개로 전환된 상태였다. 이별 선언을 한 뒤 잠수를 탄 것이다.

헤어질 때는 헤어지더라도 한 번은 만나야 할 것 같아서 그녀의 친구에게 전화를 했다. 어떻게 된 일이냐고, 혹시 그녀에게 무슨 일이라도 생긴 건 아니냐고 묻자, 몹시 난처해하더니 어렵사리 입을 열었다.

"아무리 생각해도… 인연이 아닌 것 같대요."

순간, 이별이 실감 났다. 슬픔이 물밀듯이 밀려왔다. 5년 동안 공들여 쌓아왔던 사랑의 탑이 이렇게 무너지다니, 허망했다.

'우린 정말 사랑했을까?'

환하게 웃던 그녀의 표정이 떠올랐고, 그녀의 웃음소리가 귓가에 메아리쳤다. 그는 심장이 갈기갈기 찢기는 고통에 가슴을 움켜쥔 채 주저앉았다. 상처 입은 짐승의 고통스런 울음소리가 꽉 다문 입술을 비집고 흘러나왔다.

만남도 중요하지만 이별도 중요하다. 아무렇지 않은 척해도 사랑했던 사람과의 이별은 마음속 어딘가에 상처를 남기게 마련이다.

한때라도 사랑했다면 서로가 이해할 수 있는 이별이 되도록 노력해야 한다. 일방적인 이별 통보에 상대방은 '내가 뭘 잘못했지?' 하고 되씹게 되고, 자책감에 빠진다.

거짓이 아닌 진짜 사랑이었다면 전화나 SNS로 이별을 통보하기보다는 직접 만나서 대화로 해결해야 한다. 정직하게 자신의 감정 상태와 이별을 선택한 이유를 설명하고, 상대방의 생각도 충분히 들어주어야 한다. 물론 이 과정이 고통스럽겠지만 한때나마 사랑했던 사람에 대한 예의이고, 새로운 출발을 위해서도 필요한 과정이다.

> 잘가라는 말을 할 충분한 용기가 있다면 삶은 당신에게 새로운 만남을 보상해줄 것이다.
>
> _파울로 코엘료

만남이 삶의 과정이라면 이별 또한 하나의 과정일 뿐이다. 지금은 모든 것이 무너져버린 것 같지만 세상은 여전히 그 자리에서 아름답게 빛나고 있다. 더 멋진 사랑이 당신을 기다리고 있다.

눈물을 참거나 슬픔을 억누르지 말고 슬픈 감정을 그대로 받아들여라. 혼자서 감당하려 하지 말고 가족이나 친구들에게 털어놓아라. 아무리 큰 슬픔도 일단 입 밖으로 끄집어내고 나면 크기도 줄어들고, 기분도 한결 나아진다.

운동 혹은 새로운 취미 활동을 시작하거나, 낯선 곳으로 여행을 떠나라. 이별을 받아들이는 데도 도움이 되고, 기분도 한결 좋아진다.

이별은 슬픈 일이지만 자신을 돌아볼 기회를 제공한다. 충분한 시간을 두고 슬픔을 치유하다 보면 오히려 성장의 계기가 되기도 한다.

내가 과연 해낼 수 있을까

취업 실패는 자신감을 떨어뜨리고 자존감을 훼손시킨다. 게다가 사회에서 배척당하는 기분이 들고 상실감과 슬픔을 불러온다.

반복되는 취업 실패는 미래에 대한 기대감을 갉아먹는다. '이상의 나'와 '현실의 나' 사이의 갭이 점점 벌어져서 자기효능감마저 상실하게 된다.

그녀는 떨리는 마음으로 사이버국가고시센터에 로그인했다. 지방직 7급 공무원 시험 불합격 사실을 확인하고는 두 눈을 질끈 감았다.

고시원을 나온 그녀는 발길 닿는 대로 걷기 시작했다. 걸음걸음마다 서러움과 슬픔이 차올랐다.

'슬퍼하지 마! 이번에는 운이 없었을 뿐야. 합격선에 거의 다 왔어.'

마음속에서 누군가가 위로의 말을 건넸다. 그러나 슬픔은 조금도 줄어들지 않았다.

그녀는 초등학교 때부터 밤낮없이 공부만 했다. 명문외고를 거쳐서 명문대에 입학했다. 대학에 합격했을 때만 해도 고생은 끝나고 지난 세월에 대한 보상만이 기다리고 있을 줄 알았는데 그렇지 않았다.

스펙은 어디 내놓아도 빠지지 않을 정도로 훌륭했다. 학점은 4.0에 가까웠고, 어학 점수는 만점이었고, 인턴 경험도 있었다. 그런데 불황에 코로나19까지 겹치면서 취업시장에는 한파가 몰아쳤다. 3년 동안 수백 장의 원서를 썼지만 최종 면접을 본 것은 고작 세 번이었다.

"차라리 공무원 시험을 준비해라."

공부라면 사실 지긋지긋했다. 아버지의 강력한 권유로 마지못해 그녀는 고시원에 들어갔고, 책을 붙들고 고군분투했다.

다른 건 몰라도 공부만큼은 자신 있었다. 독하게 마음먹으면 길어도 3년이면 충분히 합격할 줄 알았다. 그러나 막상 뚜껑을 열어보니 예상과 달랐다.

'내가 과연 해낼 수 있을까?'

그녀는 자신이 점점 작아지는 것을 느꼈다. 공부도 자신 없었고, 미래에 대한 희망 또한 부질없이 느껴졌다. 할 수만 있다면 한 줄기 바람이 되어서 이 세상에서 영영 사라져버리고 싶었다.

청춘들에게 취업은 미래를 여는 관문이나 다를 바 없다. 취업을 해야 동창회도 나가고, 연애도 하고, 결혼도 하며, 행복한 삶을 꿈꿀 수 있다.

그러나 청년들의 취업은 만만치 않다. 과학 기술의 발달, 산업 구조의 변화, 자동화 시스템, 경제 불황 등이 겹치면서 양질의 일자리는 점점 줄고 있다. 한창 일해야 할 나이에 일자리를 구하지 못한 청년들의 슬픔은 점점 깊어만 간다.

요즘에는 취업 자체를 포기한 청년도 상당수다. 그러나 취업의 난도가 높다고 해서 쉽게 포기해서는 안 된다. 시작 지점에서부터 물러서면 인생을 사는 동안 할 수 있는 일은 몇 개 되지 않는다.

> 시련이 사람을 만든다. 이 세상은 우리의 스승이며, 우리는 교훈을 얻기 위해 태어났다.
>
> _앤드류 매튜스

어려울 때일수록 용기를 내야 한다. 자존감을 잃어서는 안 된다. 상황이 나쁠 뿐, 우리의 존재 가치가 훼손된 것은 아니다.

실패는 성장하려는 사람에게는 기회가 된다. 실패 원인을 분석하고, 계획을 세우고, 새로운 전략을 짜라. 자신과의 대화를 통해서 위로하고 격려하라. 자신과의 대화는 슬픔을 잊게 하고, 긍정적인 마인드로 재무장하게 해서, 기분을 전환시킨다.

최선을 다한다면 결과가 실패로 나와도 실패가 아니다. 더 큰 성공을 위한 에너지 축적이다. 그 분야가 아니라도, 다른 분야에서 반드시 성공하게 되어 있다.

03

뭘 해야 먹고살 수 있을까

갑작스런 인사이동은 조직 내에서의 지위와 역할 변화에 따른 정체성의 혼란을 겪게 한다. 본사에서 오래 일해왔는데 갑자기 지방 계열사로 전출 명령이 떨어진 경우에는 당혹스럽기까지 하다.

새로운 환경, 업무 변화, 동료의 시선 등을 상상하면 골머리가 지끈거린다. 불확실성이 증폭되었으니 불안하다. 나름대로 회사에 애정을 갖고 성실하게 일해왔다면 분노를 넘어서서 깊은 슬픔을 느끼기도 한다.

본사 마케팅팀 과장인 그는 인사발령 공고문에서 자신의 이름을 발견했다. 지방 영업팀으로의 발령이었다.

'결국 이렇게 되는 건가?'

그는 입안이 씁쓰름했다. 직무 변경도 문제지만 인사 발령지는 아무런 연고도 없는 곳이었다. 한마디로 그만 나가달라는 소리였다.

신입 사원으로 입사해 어느덧 12년 차였다. 같이 입사했던 동기들은 이미 절반 넘게 회사를 떠났다.

그는 신세대들로부터 '월급충' 소리를 듣지 않기 위해서 열심히 일했다. 마케팅 관련 서적도 꾸준히 읽었고, 일이 많을 때는 야근도 마다하지 않았다.

위기는 불황과 함께 찾아왔다. 매출이 떨어지자 팀장이 바뀌었다. 새로 부임한 팀장은 무슨 이유인지 그를 못마땅하게 여겼다. 개인적으로 화가 났을 때는 물론, 팀에서 문제가 생기면 그를 불러서 화풀이를 했다.

시간이 지나자 그의 영역은 점점 좁아졌다. 팀장은 중요한 업무는 대리에게 맡겼고, 그에게는 신입 사원이나 할 일을 아무렇지도 않게 떠넘겼다. 그는 언제부터인가 팀에서 '유령'이 되었다. 그러나 그는 내색하지 않고 묵묵히 일했다.

'아내한테는 뭐라고 하지?'

그는 공원 벤치에 앉아서 곰곰이 생각해보았다. 아내는 지방 생활을 해본 적 없는 서울 토박이였다. 거기다 아들은 3월에 초등학교 입학 예정이었다. 같이 내려가자고 해도 거절할 것이 빤했다.

'혼자 내려갈까?'

지방에서 혼자 생활할 자신도 없었다. 거기다 더 큰 문제는 마흔이 코앞인데 미래가 보이지 않는다는 것이었다.

'퇴사하면 새로운 직장을 얻을 수 있을까?'

그는 잠시 생각하다가 고개를 저었다. 팀장이 바뀌고 나서 꾸준히 이직을 시도했다. 오십 곳 넘게 서류를 넣었는데 연락 온 곳은 고작 두 군데였다. 경력직임에도 불구하고 면접장에 가면 화려한 스펙의 지원자들이 바글거렸다.

'모아놓은 돈도 없는데… 뭘 해서 먹고살지?'

그는 인적이 끊길 때까지 벤치에서 꼼짝하지 않았다. 마치 슬픔의 늪에 빠진 기분이었다. 벗어나려고 몸부림치면 칠수록 점점 슬픔 속으로 가라앉았다.

헤라클레이토스는 '같은 강물에 두 번 발을 담글 수 없다'고 했다. 세상은 시간의 강물 위를 쉼 없이 흘러간다는 의미이다.

세상은 변화하면서 흘러간다. 담담하게 변화를 받아들일 필요가 있다. 변화를 인정하고 받아들일 때 새로운 가능성을 발견할 수 있고, 새로운 목표를 찾을 수 있다.

우리는 계속 나이를 먹어가고 있기 때문에 아이러니하게도 자신이 나이가 많다고 느낄 때가 가장 젊다.

사실 마흔은 신명이 나게 일할 나이다. 한곳에 오랫동안 앉아 있으면 시각이 편협해진다. 우물 안 개구리처럼 늘 보는 풍경만 보기 때문이다. 우물 밖으로 나와야 비로소 무궁무진한 가능성으로 가득 찬 새로운 세상을 볼 수 있다.

자신이 무능력한 존재가 된 것만 같아서 슬프다면 소리 내서 이렇게 말해보라.

"아직 한창인데 무슨 일인들 못하겠어!"

자신감이 되살아나야 기분도 되살아난다.

나도 결혼할 수 있을까

결혼은 해도 후회하고 안 해도 후회한다고 하지만, 남녀가 어우러져 살아가는 세상에 태어났으니 안 하는 것보다는 하는 것이 낫다.

가정을 꾸리면 보다 안정적인 삶을 살 수 있다. 아프거나 힘들 때 옆에 평생의 동지가 있으면 인생을 살아나가는 데 적잖은 힘이 된다.

그런데 요즘에는 결혼 장벽이 높아지다 보니 결혼 준비 과정에서 파혼하는 경우도 종종 있다. 파혼은 서로에게 상처를 남긴다. 기대가 실망으로 바뀌면 좌절감과 슬픔이 밀려온다.

"오빠, 우리 좀 더 생각해보자."

결혼을 앞두고 있었는데 그녀가 갑자기 뒤로 한 발 물러섰다. 순간, 가슴이 철렁 내려앉았지만 그는 아무렇지 않은 척 고개를 끄덕였다.

"어? 그, 그래!"

그녀와 헤어져 집으로 돌아가는 길, 발걸음이 무거웠다.

결혼식까지는 두 달여 남아 있었다. 문제는 살림집을 구하려다가 불거졌다. 그녀의 집은 부유했지만 그의 집은 가난했다.

함께 살림집을 보러 다녔는데 눈에 차지 않는 눈치였다. 그녀의 말수가 점점 줄어드는가 싶더니 표정이 굳었다. 비로소 결혼은 현실이라는 말이 실감 난 듯했다.

일주일 뒤 그는 파혼 통보를 받았다. 처음에는 몹시 화가 났다. 그까짓 돈 때문에 7년 동안 쌓아왔던 정이 한순간에 무너졌다고 생각하니 허무하기까지 했다.

시간이 지나자 그에게서는 분노도 실망도 사라지고, 누구에게도 말할 수 없는 슬픔만이 남았다. 그것은 마치 석양 무렵 강물 위에서 반짝거리는 윤슬 같아서 한참 들여다보고 있으면 눈물이 났다.

파혼은 이별과는 또 다른 슬픔이다. 열심히 결승점을 향해서 달려왔는데, 결승점을 눈앞에 두고서 엎어진 기분이랄까.

고통스럽지만 현실을 받아들여야 한다. 그러나 자신을 비하하거나 환경을 탓하지는 마라. 자신이 못나서도, 가난해서도 아니다. 자신보다 더 못나고 더 가난한 사람도 결혼해서 잘 살아간다.

단지 상황이 그렇게 전개됐을 뿐이다. 7년의 연애 동안 쌓였던 앙금이 도화선이 되어서 폭발한 것일 수도 있다.

> 고난은 사람의 참된 가치를 시험하는 시금석이다.
>
> _프랜시스 보몬트

긍정적인 관점에서 보면 파혼은 시련이지만 인간적으로 성숙해질 기회이기도 하다. 그동안에는 미처 발견하지 못했던 새로운 인생을 발견할 수도 있다.

시련을 기회로 바꾸기 위해서는 일단 슬픔에서 벗어나야 한다. 자기 회복력을 최대한 발휘해서 일상으로 돌아가야 한다.

자연은 오랜 세월 동안 고난과 풍파를 이겨냈다. 산과 들에서의 하이킹은 기분을 바꾸는 데 도움이 된다. 또한, 글쓰기, 그림, 악기 연주 등과 같은 창작 활동은 상처를 치유해주고, 마음의 평화를 찾아주고, 자아 성장을 돕는다.

05

다시 일어설 수 있을까

실패는 기대와 전혀 반대되는 결과이다. 자존감이 훼손되는 것은 물론이고, 그로 인한 파장이 두렵다.

사업 실패는 중요한 시험에 떨어진 것과는 또 다른 문제이다. 혼자만의 문제가 아니기 때문이다. 사회적 지위와 명성을 한순간에 잃을 뿐더러 경제적으로 궁핍해져서 가족은 해체 위기에 처한다.

자신에 대한 실망과 함께 견디기 힘든 슬픔이 밀려든다.

◇◆◇

"여보, 얼마 동안만 친정에 가 있어."

그는 아내에게 전화한 뒤, 휴대전화를 끄고 회사를 나왔다. 주차장에 세워둔 승용차가 보였다. 그는 잠시 망설이다가 그대로 후문을 통해 나갔다.

여기까지였다. 그동안 부도를 막기 위해 안간힘을 썼지만 더 이상 방법이 없었다. 오늘까지 막아야 할 어음은 2천만 원에 불과했다. 하지만 그건 빙산의 일각이었다.

청춘을 온전히 바쳐서 일구었던 사업은 악재가 겹치면서 통제 불가능한 수준에 이르렀다. 한꺼번에 수많은 생각과 감정이 쏟아졌다.

생각이 너무 많다 보니 아무 생각도 나지 않았다. 앞뒤 순서도 없이 문득문득, 후회와 슬픔이 밀려왔다.

그는 지하철도 타고, 버스도 타고, 때로는 걸었다. 배고픔도 잊었고, 낮과 밤도 잊었다. 어떤 날은 모텔에서 잤고, 어떤 날은 버스 정류장 의자에 누워서 잤다.

얼마나 지났을까. 한기에 제정신을 차려보니 새벽녘이었고, 동해였다. 그는 모래사장에 앉아서 바다를 바라보았다.

하늘에는 그믐달이 떠 있었다. 점점 사라져가고 있는 달은 투명했다. 한때의 영광을 뒤로한 채 스러지는 찬란한 슬픔의 결정체 같았다. 달이 마치 자신 같다는 생각이 드는 순간, 목구멍에서 뭉클한 무언가가 치밀어 올랐다.

'그믐달은 졌다가 때가 되면 다시 점점 차올라 보름달이 되겠지. 하지만 왠지 내가 보고 있는 저 달은 이대로 영원히 사라져버릴 것만 같아.'

실패는 불행한 일이다. 하지만 그 일을 어떻게 이해하고 받아들이

느냐에 따라서 재기 기간이 짧아질 수도, 길어질 수도 있다.

인간의 뇌는 그 사람이 하는 생각에 어울리는 능력을 발휘한다.

'나의 세계가 무너졌다. 끝났다'라고 생각하면 영영 재기하지 못할 수도 있다. 반면 '살다 보면 누구나 겪는 실패를 나도 한 것뿐이야. 다음에는 정말 잘할 수 있어!'라고 생각한다면 예상보다 빨리 재기할 수 있다.

> **실패는 충만한 삶을 살기 위해서 반드시 치러야 할 비용이다.**
> _소피아 로렌

실패했다고 슬픔에 잠겨 있으면 아무것도 나아지지 않는다. 일단 평상시 감정을 회복할 필요가 있다.

실패를 성공을 위한 과정 내지는 재기를 위한 충전의 기회로 받아들여라. 주변 사람들이 뭐라고 해도 신경 쓰지 말고, 그동안 하고 싶었지만 시간이 없어서 못해봤던 것들을 시도해보라.

새로운 취미 활동을 시작하라. 평소에 관심 있었던 자격증을 따거나, 자원봉사 활동에 참여하라. 먹고 싶었던 음식을 찾아다니거나, 카메라를 메고 낯선 세계로 여행을 떠나라.

열을 가하면 원래의 형상을 되찾는 형상기억합금처럼 인간 역시 복원 기능을 갖고 있다. 환경을 바꾸면 기분이 되살아나고, 기분이 되살아나면 자신감이 살아나면서 원래의 삶으로 돌아가게 된다.

슬픔이 아무리 찬란해 보일지라도 그곳에 오래 머물지 마라. 현실의 삶과 점점 더 멀어질 뿐이다.

06

어디서 무엇이 되어 다시 만나랴

사랑하는 사람과는 정서적으로 결합되어 있는 상태라 할 수 있다. 사별은 정서가 붕괴된 상태라 극심한 스트레스를 불러온다. 감정을 처리하는 편도체가 활성화되면서 코르티솔의 분비가 왕성해진다.

전두엽마저도 상실감이라는 감정을 제대로 처리하지 못해서 감당하기 힘든 슬픔에 잠기게 된다.

어머니가 돌아가셨다. 새벽 예배를 나갔다가 건널목에서 차에 치였다. 병원으로 옮겨졌지만 곧바로 숨을 거두었다.

뒤늦게 소식을 듣고 병원으로 달려간 그녀는 어머니의 죽음을 믿을 수 없었다. 젊은 나이에 남편과 이혼하고 혼자서 그녀를 키워온 어머니였다. 누구보다 강한 분인데 이렇게 허망하게 세상을 떠나다니.

장례식 내내 그녀는 슬픔에서 헤어날 수 없었다. 추억에 젖었고, 어머니가 자신을 얼마나 사랑했는지 실감할 수 있었다.

"난… 아무것도 해준 게 없는데….."

그녀는 어렸을 때 어른이 되면 어머니에게 진 마음의 빚을 모두 갚으리라 다짐하곤 했었다. 그러나 나이를 먹어갈수록 잘해주기는커녕 성질만 부렸다. 가난 때문에 힘들어하는 어머니의 속을 박박 긁었고, 밖에서 짜증 나는 일이 있으면 어머니를 상대로 화풀이를 했다.

그녀는 결혼 전날 어머니와 함께 나란히 잠자리에 누웠다.

"엄마, 나 집 떠나면 외로워서 어떡해?"

"괜찮아. 엄마는 신경 쓰지 말고 너나 잘 살아!"

그날 밤, 그녀는 자주 들여다보고 전화도 자주 하리라 다짐했었다. 하지만 그것도 잠시뿐, 시간이 흐를수록 그녀의 몸과 마음은 점점 멀어져갔다.

그녀는 미소 짓고 있는 영정 속 어머니를 바라보며 중얼거렸다.

"엄마… 미안해."

인간은 태어나서 살다가 죽는다.

죽음은 인간에게 가장 중요한 문제임에도 평소 죽음에 대해서 깊이 생각하는 사람은 드물다. 가족의 죽음이든 지인의 죽음이든 간에 죽음 앞에 맞닥뜨렸을 때에야 비로소 죽음에 대해서 생각한다.

> 아무도 죽기를 원하지 않는다. 그래도 죽음은 우리 모두의 숙명이다. 아무도 피할 수 없다. 왜냐하면 삶이 만든 최고의 발명품이 죽음이기 때문이다.
>
> _스티브 잡스

사랑하는 사람과의 사별은 오래된 탑처럼 안정을 유지하던 정서가 한순간에 붕괴된 상태라고 할 수 있다. 애써 슬픔을 덮어버리면 훗날 후유증이 찾아온다.

적절한 기간을 두고 애도하고 슬퍼하며, 죽음을 서서히 받아들여야 한다. 충분한 슬픔을 통해서 상처가 치유된다.

세상에는 완벽한 효자도 없고, 완벽한 친구도 없다. 인간은 누구나 부족한 면을 지닌 채 살아간다. 아니, 부족하다 못해 지질한 것이 인간의 본래 모습이다. 사별을 슬퍼하면서 스스로를 자학하지 않아도 된다.

소설이나 영화에서 자주 등장하는 장면 중 하나가, 누군가가 총에 맞아 죽고 그 시간에 누군가가 태어나는 것이다. 작가나 감독은 이렇게 말하고 싶은 것이리라. 비정하게 느껴질 수도 있지만 이것이 세상의 이치라고.

세상의 이치를 깨닫고, 삶과 죽음을 덤덤하게 받아들이자면 사별로 인한 상처는 자연스럽게 치유된다.

개인적으로 불행한 일이고 견디기 힘든 시기이지만 슬기롭게 이겨내고 제 갈 길을 가야 한다. 어떠한 상황 속에서도 삶은 계속되어야 하므로.

이제 그만 슬픔에서 벗어나고 싶다면 이런 상상을 해보라. 남은 인생을 멋지게 산 뒤에 다시 태어났을 때 이번 생에서 진 빚을 갚아나간 다는 상상.

상상만으로도 기분을 바꿀 수 있다.

✺ 간단하게 슬픔을 다스리는 6가지 좋은 습관

1. 슬픈 감정 털어놓기

슬픔을 간직하고 있거나 애써 억누르면 정서적으로 스트레스 상태에 놓이고 만다. 슬픈 감정을 누군가에게 털어놓으면 뇌에서 감정 조절과 관련된 영역이 활성화된다.

슬픔을 표현함으로써 인지하고 있는 사실을 수용하게 되고, 대화가 모두 끝나면 심리적 안정감이 찾아오면서, 기분을 전환하는 데 도움이 된다.

▶ 따라 하기 ▶ 슬픔 털어놓기

▼ 공감 능력이 높고, 말하기보다는 듣기를 좋아하는 사람을 선택한다.

▼ 슬픈 감정을 조리 있게 털어놓기 위한 마음의 준비를 한다.

▼ 감정을 구체적으로 솔직하게 표현한다.

▼ 공감하는 자세로 상대방이 하는 위로의 말을 듣는다.

▼ 대화가 끝났으면 이야기를 들어준 데 대한 감사 인사를 한다.

2 충분한 수면 취하기

수면은 뇌는 물론이고 인체 전반을 정화하는 역할을 한다. 수면 중에는 코르티솔의 분비가 감소하고, 도파민과 세로토닌 같은 신경호르몬이 분비되어 한쪽으로 치우친 감정을 조절해준다.

잠을 푹 자고 일어나면 피로가 회복되고, 정서적으로 안정을 되찾게 된다. 슬픔의 크기도 감소하면서 잠시 잊고 있었던 일상의 감정이 되살아난다.

▶ 따라 하기 ▶ 충분한 수면 취하기

▼ 잠들기 전에 산책을 하며 격앙된 감정을 가라앉힌다.

▼ 잠들기 좋은 환경 만들기. 가볍게 식사하되 카페인이나 알코올 섭취는 피한다. 텔레비전에서 자극적인 장면을 보거나 스마트폰을 들여다보면 수면에 방해가 될 수 있으니 가급적 멀리한다. 적절한 온도를 유지하고, 블라인드를 내리고 조명을 낮춰서 주변을 어둡게 한다.

▼ 반듯한 자세로 잠들기. 자세가 불편하면 중간에 깨게 되니, 낮은 베개를 베고 천장을 보고 반듯하게 눕는다. 반듯한 자세가 불편하면 평소처럼 가장 편안한 자세로 눕는다.

▼ 잠들 때까지 길게 호흡을 내쉬고 천천히 들이마시며 몸과 마음의 안정을 취한다. 중간에 잠이 깨더라도 곧바로 심호흡을 해 다시 잠든다.

3. 코미디 찾아보기

예로부터 웃음은 통증을 완화하는 대체요법으로 사용되기도 했다.

웃음은 뇌의 보상 체계를 자극해서 도파민 분비를 촉진한다. 반면 감정, 기분, 운동 제어 등 다양한 생리적·심리적 기능에 영향을 미치는 호르몬인 카테콜아민과 스트레스 호르몬의 분비를 감소시킨다.

슬플 때 코미디 영화, 웃긴 동영상, 웃기는 책 등 웃음을 유발하는 자료를 찾아보면 슬픔을 잠시나마 잊고 기분을 전환하는 데 도움이 된다.

▶ 따라 하기 ▶ 코미디 찾아보기

▼ 슬픔이 어느 정도 가라앉은 시간대와 타인의 시선을 의식하지 않아도 되는 편안한 장소를 선택한다.

▼ 평소 좋아하는 유쾌하고 재미있는 프로그램을 선택한다.

▼ 웃음을 유발하는 장면에서는 주저하지 말고 미소를 짓거나 웃음을 터뜨린다.

▼ 재미있는 장면은 반복해서 본다.

▼ 잠들기 전에 재미있었던 장면을 상상한다.

4. 유산소 운동하기

유산소 운동은 도파민·세로토닌·엔도르핀 같은 신경전달물질을 분비시켜서, 슬픔은 감소시키고 긍정적인 감정을 불러와 기분을 개선하는 효과가 있다.

운동은 생존에 필요한 활동이므로 기쁨과 만족을 준다. 운동을 마치고 나면 성취감과 자기효능감이 되살아나서 슬픔과 무력감을 극복하는 데 도움이 된다.

▶ 따라 하기 ▶ 유산소 운동

▼ 충분히 물을 마신 뒤, 편안한 운동복과 신발을 신는다.

▼ 가벼운 유산소 운동으로 심장 박동 수와 체온을 서서히 올린다.

▼ 체력과 운동 수준에 맞게 본격적인 유산소 운동을 한다. 너무 힘든 경우 감정이 격해질 수 있으니, 페이스를 일정하게 유지한다.

▼ 운동을 마쳤으면 천천히 걷거나 스트레칭을 통해서 몸의 열기를 서서히 식힌다.

▼ 충분한 수분과 영양소를 섭취한다.

5. 창작 활동으로 표현하기

창작 활동은 긍정적인 신경전달물질인 도파민과 엔도르핀의 분비를 촉진한다. 또한 창작 활동은 자아실현의 일환으로써 집중력을 높여주므로, 슬픔으로 무기력해진 뇌를 원래 상태로 회복하는 데 도움이 된다.

글쓰기, 그림 그리기, 작사, 작곡, 악기 연주 등을 통해서 슬픔을 표현하면 슬픔으로 축 처진 기분을 전환할 수 있다.

▶ 따라 하기 ▶ 창작 활동하기

▼ 자유롭게 창작 활동을 할 공간을 선택한다.

▼ 창작 활동에 필요한 도구나 재료 등을 준비한다.

▼ 나의 처지에 맞는 창작 활동의 주제를 선택한다.

▼슬픔을 표현한다. '이별'이든 '죽음'이든 내가 느끼고 있는 슬픔을 상상력과 창의력으로 옷을 입혀서 예술로 승화해낸다.

6. 목욕하기

따뜻한 물로 목욕을 하면 근육 및 신경 이완에 도움을 주고 부교감 신경계를 자극한다. 세로토닌과 함께 불안, 긴장, 스트레스를 풀어주는 신경전달물질인 감마아미노뷰티르산의 분비를 촉진해 슬픔을 극복하는 데 도움을 준다.

체온이 상승하고 피부 자극이 일어나면 슬픈 감정으로부터 서서히 벗어남과 동시에 정서적인 안정감을 찾게 되어서 몸과 마음이 한결 편안해진다.

▶따라 하기 ▶따뜻한 물로 목욕하기

▼목욕할 공간과 목욕용품을 준비한다.

▼내가 선호하는 물의 온도를 정한다. 너무 뜨거우면 피부를 자극할 수 있고, 너무 차가우면 생각이 많아진다. 일반적으로 편안한 수온은 37°C~40°C 정도이다.

▼슬픔을 완화할 수 있는 보조제를 사용한다. 거품 입욕제나 향기 입욕제를 물에 풀거나 좋아하는 향기가 나는 향초를 켠다.

▼눈을 감고 편안한 음악을 듣거나 명상을 한다.

▼너무 오래 물속에 있지 않는다. 목욕 시간은 몸 상태와 선호도에 따라 다르지만 보통 15분~30분 정도가 적당하다.

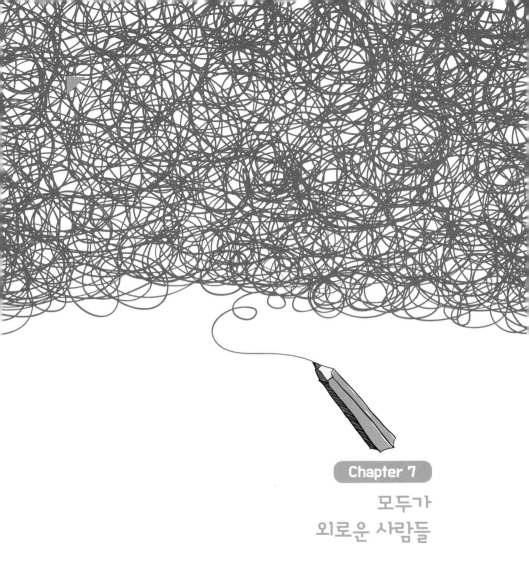

Chapter 7

모두가
외로운 사람들

어느 누구도 그대의 공허감을 채워줄 수 없다.
자신의 공허감과 마주해야 한다.
그걸 안고 살아가면서 받아들여야 한다.
_ 오쇼 라즈니쉬

01

세상이 왜 이렇게 적막하지

산업 및 가족 구조의 변화 등으로 인간의 외로움은 심화되고 있다. 통계청 발표에 따르면 2021년 기준 대한민국의 1인 가구는 33.4% 이며, 이 수치는 점점 더 높아질 전망이다.

혼자 있을 때보다 둘이 있다가 혼자가 되었을 때 외로움은 더 깊어진다. 평소 음식을 좋아하고 잘 먹는 사람이 그렇지 않은 사람보다 공복 때 더 극심한 허기를 느끼는 것과 같은 이치이다.

한 연구에서, 외로움을 느끼는 사람에게는 대인 관계를 즐기는 사진을, 배고픔을 느끼는 사람에게는 좋아하는 음식 사진을 보여주고 뇌를 촬영하였다. 그 결과 똑같이 도파민을 분비하는 흑색질이 활성화되었다.

인간은 오랜 세월 다양한 관계를 맺으며 살아왔다. 사회적 동물로서 다른 사람들과의 상호작용, 사회적 지지, 소속감, 사회적 연결의 필요성을 느끼며 살아간다. 따라서 현대인의 외로움은 일종의 '사회적 굶주림'이라고도 할 수 있다.

퇴근하고 집으로 돌아오면 그녀는 제일 먼저 텔레비전을 켠다. 혼자 있을 때의 적막함을 견딜 수 없기 때문이다. 텔레비전에서 흘러나오는 소리를 들으며 씻고, 음식을 만들어서 저녁을 먹고, 설거지를 하고, 청소를 한다.

'밤은 왜 이렇게 길지?'

더 이상 할 일이 없어지면 그녀는 소파에 앉아서 멍하니 텔레비전을 시청한다. 사실 시선은 텔레비전을 향하고 있지만 다른 생각을 하고 있기 일쑤다.

지방 출신인 그녀가 자취를 시작한 것은 서울에서 대학 생활을 시작하면서부터였다. 그를 만나기 전까지 세 명의 남자를 사귀었지만 6개월을 넘기지 못했다.

그를 만난 건 5년 전이었다. 직장 선배의 소개였는데 여러모로 잘 맞았다. 3년을 동거했는데 그가 갑자기 유학을 가겠다며 퇴사했다. 박사 학위를 따기 위해서 미국으로 유학을 떠나겠다는 것이었다.

"기다리지 마! 학위 따면 미국에서 정착할 생각이야."

"그래! 자리 잡으면 연락해라. 놀러 갈게."

그녀는 애써 슬픔을 감추고 덤덤하게 그를 보내주었다. 그 뒤로 그녀의 휴대폰은 울리지 않았다. 마치 고장이라도 난 것처럼 전화벨도 카톡 음도 더 이상 울리지 않았다.

그에게서는 일절 연락이 없었다. 아예 연락처 명단에서 자신의 전화번호를 삭제했는지도 몰랐다.

'나는 그를 기다리는 걸까?'

그녀는 곰곰이 생각해보았다. 그가 떠나고 나서야 많이 사랑했다는 사실을 깨달았지만 그를 기다리는 것은 아니었다. 그가 떠나갈 때 영영 이별이라는 예감이 들었다.

새로운 사람을 만나 새로운 사랑을 시작하고 싶었다. 그러나 마음뿐, 눈에 차는 사람이 없었다.

밤이 깊으면 그녀는 베란다로 나가서 맞은편 아파트 단지를 바라본다. 성냥갑 같은 집집마다 불이 켜져 있다. 텔레비전이 켜진 집, 운동을 하는 집, 공부 중인 집, 야식을 먹는 집도 있다. 소리는 들리지 않고 하얀 불빛만 쏟아지기 때문일까. 모두 무척 외롭게 느껴졌다.

"세상이 왜 이렇게 적막하지?"

그녀는 그가 떠난 이후로 끝도 없는 우물 속으로 추락하고 있다고 생각했다. 왠지 추락은 그녀가 죽기 전까지 계속될 것만 같았다.

혼자 있을 때 어떤 사람은 외로움을 느끼고, 어떤 사람은 고독을 느낀다. 독일의 실존주의 철학자이자 신학자인 폴 요하네스 틸리히는 혼자 있는 시간에는 두 종류가 있다며 이렇게 말했다.

"외로움(loneliness)은 혼자 있는 고통을 표현하기 위한 말이고, 고독(solitude)은 혼자 있는 즐거움을 표현하기 위한 말이다."

외로움은 자신의 의지와 상관없는 관계의 단절로 '비자발적 쓸쓸함'이고, 고독은 자신의 의지에 의한 관계의 단절로 '자발적 쓸쓸함'이다. 혼자서 보내는 시간이 많다는 것은 외로운 사람에게는 재앙이다. 그러나 고독한 사람에게는 축복이다.

현대인은 혼자 있는 시간을 어떻게 보내느냐에 따라서 후반생이 달라진다. 외롭다고 혼자 있는 시간을 외로움을 달래기 위해 사용한다면 나이를 먹으면 반드시 후회한다. 더 좋은 인생을 살고 싶다면 외로움을 고독으로 바꿔야 한다.

> 대부분의 사람은 외로움을 고통스러운 위협으로 느끼기 때문에 고독의 긍정적인 가치를 발견하지 못한다. 거기에 때로는 혼자가 될 수도 있다는 사실을 두려워한다.
> _롤로 메이

동호회에 가입해서 운동 등 취미 활동을 하거나 사회 활동에 참여하는 것도 나쁘지 않은 선택이다. 그보다 더 바람직한 일은 외로움을 고독으로 바꿔서, 못 이룬 꿈에 도전해보는 것이다.

시간만 충분하다면 세상에 이루지 못할 일이 뭐가 있겠는가. 꿈을 이루는 상상만으로도 뇌에서는 보상영역이 활성화되어서 성취감과 함께 행복감을 느낀다.

그 순간, 외로움은 태양 앞의 반딧불처럼 사라진다.

02

부자가 되면 외롭지 않을까

인간은 사회적 동물이다. 진화 과정에서 상호작용이나 소통 같은 사회와의 연결성은 생존에 중요한 역할을 해왔다. 사회와의 연결성이 강해질 경우 뇌에서는 보상 체계가 활성화되면서 도파민이나 아드레날린 같은 활성 호르몬의 분비가 왕성해진다. 반면 사회와의 연결성이 약해질 경우 활성 호르몬의 분비가 줄어들고, 스트레스 호르몬 분비가 증가한다.

투자에 실패하면 경제적 어려움에 처하게 된다. 이로 인해 스트레스 호르몬의 분비가 늘어나면서 사회와의 연결성이 약해진다. 이때 뇌에서는 본능적으로 위급 상황임을 직감하고, 사회적 고립과 함께 외로움을 느끼게 된다.

그는 대학교 2학년 때 주식 투자를 처음 시작했다. 친구의 권유로 주식을 접했다가 흥미를 느껴서 교내 투자 동아리에 가입했다.

본격적인 투자는 취업 후부터 시작했다. 저평가된 주식을 골라서 중장기투자를 했는데 매년 연봉보다 높은 수익을 얻었다.

입사 7년 차 되던 해에 불경기로 구조조정 바람이 불었다. 아예 전업 투자자로 나서볼까, 고민하던 그에게는 절호의 기회였다.

아내는 그의 주식 투자에 부정적이었다. 그러니 아내에게 솔직하게 말하면 반대할 것이 빤했다. 그는 아내 몰래 희망퇴직을 신청했고, 퇴직금과 2년치 연봉을 챙겨서 회사를 나왔다.

월세가 20만 원인 작은 사무실을 하나 얻었다. 1인 사업자나 주식 투자자들이 주로 사용하는 공용 사무실이었다.

그는 평소 출근하던 것처럼 매일 아침 양복을 갖추어 입고, 새로 얻은 사무실로 나갔다. 처음에는 저평가된 종목을 찾는 데 주력했다. 그러던 중 코로나19가 대유행하면서 주가가 폭락하기 시작했다.

가치주 위주로 포토폴리오를 짰지만 그가 보유한 주식도 폭락을 피하지는 못했다. 몇 달 사이에 자산의 35%가 날아갔다. 매월 월급날이 되면 아내의 통장으로 월급을 송금했는데, 자산이 줄어들자 그마저도 부담스러웠다.

'이제 어떡하지?'

그는 주식 시장이란 수레바퀴처럼 돌고 돌아서 시간이 지나면 다시 제자리로 돌아온다는 사실을 알고 있었다. 직장을 다니면서 부업으로 투자했다면 분명 버텼으리라. 그러나 이제는 그럴 마음의 여유가 없었다.

결국 그는 일부를 손절해서 현금을 확보한 뒤, 그 돈으로 단타매매를 시작했다. 하루에도 수십 종목을 사고파는 단타매매는 고수익이 나는 반면 그만큼 리스크도 컸다. 며칠 꾸준히 수익이 나다가도 단 한 번의 큰 손실로 수익금을 모두 날리곤 했다.

그러던 어느 날, 예상치 못했던 큰 손실을 입었다. 나름대로 확신이 있어서 미수와 신용까지 써가면서 구입한 종목이었는데 악재가 터지면서 급락했다. 차마 손절할 수가 없어서 며칠 방치했더니 손실 폭은 더 커졌다. 원금은 모두 사라졌고, 속이 쓰렸지만 미수와 신용으로 빌린 돈을 채워넣어야만 했다.

중심을 잡고 있던 마인드가 허물어지자 추락 속도가 빨라졌다. 그가 제정신을 차렸을 때는 2년이 지나 있었다. 자산을 모두 날렸고, 빚만 남은 처지였다. 가족과 지인들에게도 신뢰를 잃어서 더 이상 돈을 빌릴 곳도 없었다.

월세마저 낼 수 없는 처지가 되자 아내는 아이들을 데리고 친정으로 갔다. 그는 6개월 동안 택배상하차를 해서 번 돈으로 고시원으로 들어가 다시 주식 매매를 시작했다. 처음에는 잘됐는데, 결국 그 돈마저도 신기루처럼 흔적도 없이 사라졌다.

그는 한강에 가서 술을 마셨다. 지독히도 외로웠지만 한동안 모두와 연락을 끊고 살았기에 전화해서 불러낼 친구조차 없었다. 그는 강 건너편 아파트 불빛을 보며 가족들을 생각했다. 행복했던 순간들이 주마등처럼 스쳐갔다.

"부자가 되면… 다시 행복하게 살 수 있겠지? 더 이상… 외로워하지 않아도 될 거야."

투자에 실패하면 자신에 대한 실망, 금전적 손실에 대한 스트레스, 타인의 시선 및 생계에 대한 걱정, 미래에 대한 두려움 등에 빠진다. 우울과 불안 등을 동반해서 수면 문제를 초래하고, 건강을 악화시키기도 한다.

경제적으로 궁핍한 처지에 놓이면 가족이나 친구와의 관계도 변한다. 정서적 결합이 약해지고 신뢰가 무너지면서 사회적 연결성이 현저히 감소한다. 사회적으로 고립되어 있다는 느낌은 극심한 외로움을 불러온다.

풍전등화, 사면초가다. 어디에서도 희망은 보이지 않는다.

하지만 세월이 지나면 모든 게 해결된다. 겨울이 되면 잎이 모두 져서 죽은 듯 보이는 나무도 봄이 되면 소생한다. 나무는 그렇게 백년을 산다.

> 행복한 시기에는 우리가 고난을 어떻게 견딜 수 있는지 알지 못한다. 고난 속에서 비로소 우리는 자기 자신을 알게 된다.
> _카를 힐티

세월은 모든 것을 치유한다. 삶이 힘들다고, 미래가 암울하다고 낙담하지는 말자. 때로는 인생을 멀찍이 떨어져서 바라볼 필요가 있다.

하늘이 무너져버린 것만 같겠지만 이 또한, 우리가 살아가야 할 무수한 계절 중 한 철에 불과하다.

탈무드에 '장미꽃은 가시 사이에서 피어난다'라는 글귀가 있다. 세상에 공짜는 없다. 무언가를 얻기 위해서는 대가를 치러야 한다.

오늘 그 대가를 치렀다고 생각하라. 내일은 오늘 치른 고난에 대한 대가를 이자까지 쳐서 받겠다고 다짐하라.

생각만 달리해도 기분이 바뀐다. 겨울의 외로움은 사라지고, 봄을 준비하는 고독한 시간이 찾아온다.

03

행복했던 나는 어디로 사라진 걸까

활발하게 사회생활을 하던 사람이 활동을 중단할 경우 외로움을 느끼게 된다. 상호작용을 통한 보상 시스템이 멈추고, 더 이상 성취감을 느끼지 못하면서 쾌락과 연관된 도파민 분비가 현저히 감소하기 때문이다.

경력 단절 여성의 경우에는 자아실현의 욕구가 충족되지 못한 상태에 머물러 있고, 친구들에 비해 사회적 지위가 낮아졌다는 생각이 깊은 외로움을 불러온다.

미국 명문대를 졸업한 그녀는 대기업에 입사해서 기획조정실에서 일했다. 명석한 두뇌와 타고난 사교성으로 사내에서도 인정받는 잘나가는 커리어우먼이었다.

32세 때 회계사인 남편을 만나서 주변의 축복 속에 결혼했다. 결혼 3년 차인 30대 중반에 첫아이를 임신했다. 배가 불러와서 출산 휴가와 함께 육아 휴직을 냈다.

아이를 돌보다 보니 1년이 순식간에 지나갔다. 회사에 복귀할 생각이었는데 시집 어른들이 적극적으로 만류했다. 차일피일 미루다 보니 복귀 시기를 놓쳤고, 둘째 아이를 임신했다.

임신 상태에서 아이를 키우는 것도 힘겨웠지만 둘째를 낳자 상황이 심각해졌다. 아이 하나를 키우는 것과 둘을 키우는 것은 완전히 다른 세계였다. 첫아이 때는 이것저것 도왔던 남편도 둘째를 낳자 귀가 시간이 점점 늦어졌다.

"미안해! 요즘 감사 기간이라 일이 많아서 그래."

남편은 한밤중에 들어왔다가 잠만 자고는 아침 일찍 출근했다. 주말에도 업무 때문인지 핑계인지는 모르겠지만 아침 일찍부터 집을 나갔다.

첫아이는 귀여웠는지 곧잘 돌봐주었던 시부모도 둘째를 낳은 뒤부터는 발길이 뜸해졌다. 육아와 살림은 오로지 그녀의 몫이었다.

그녀는 점점 지쳐갔다. 언제부터인가 청소하고, 분유 타고, 기저귀를 갈다 보면 까닭 모를 눈물이 주르륵 흘러내렸다.

그녀의 상태가 정상이 아님을 눈치챘는지 하루는 남편이 선심 쓰듯이 말했다.

"그동안 살림하고, 애들 돌보느라 힘들었지? 오늘은 내가 다 할 테니까 모처럼 친구도 만나고, 맛있는 것도 먹고 와!"

육아와 살림을 하느라 계절이 바뀐 것도 몰랐는데 밖에 나와보니 봄이었다. 따뜻한 햇볕 속을 천천히 걷다 보니 기분이 좋아졌다.

친구를 불러내려고 스마트폰에 저장된 연락처를 살펴보았다. 아는 사람은 많았지만 중학교 때 미국으로 유학을 떠나 대학까지 졸업하다 보니 주말에 갑작스레 전화해서 불러낼 만한 친구는 몇 없었다. 결혼 후에도 자주 연락을 주고받았던 친구들에게 전화를 돌려봐도 저마다 사정이 있었다.

"야, 미리 연락을 했어야지!"

"남편하고 일본에 와 있어. 오늘 밤에 들어갈 건데, 내일은 어때?"

친구들하고 통화하다가 주말이라는 생소한 사실을 새삼 깨달았다. 그녀는 친구와 함께 시간을 보내려던 계획은 철회하고, 쇼핑을 하기로 마음먹었다.

도심을 걷다 보니 직장 다니던 시절이 새록새록 떠올랐다. 그녀는 낯익은 여인의 모습에 무심코 고개를 돌렸다가, 쇼윈도에 비친 자신의 모습을 오래도록 바라보았다.

커리어우먼 시절, 눈빛은 성공에 대한 확신에 차 있었고 몸짓과 표정에는 자신감이 넘쳐흘렀다. 목소리는 활력 있었고, 웃음소리는 비눗방울처럼 가벼웠다.

그러나 지금 유리창에 비치는 여자에게서는 과거의 그 어떤 것도 찾아볼 수 없었다. 무기력하게 나이를 먹어가고 있는, 불혹을 코앞에 둔 지칠 대로 지친 중년 여자가 무표정한 얼굴로 엉거주춤 서 있을 뿐이었다.

'행복했던 나는 어디로 사라진 걸까?'

갑자기 외로움이 가슴 깊숙이 밀려들면서 눈물이 핑 돌았다.

그녀는 재빨리 돌아서서 빠르게 걸음을 옮겼다. 쇼윈도에 비친 무기력한 여자가 자신이라는 사실을 인정할 수 없었고, 인정하고 싶지도 않았다.

인간은 사회적 동물이다 보니 사회에서 멀어지면 자연스럽게 외로움을 느낀다. 가정 위주의 생활을 하느라 경력이 단절될지라도 사회와 연결된 끈을 놓아서는 안 된다.

공통된 관심사를 공유할 커뮤니티나 동호회에서 활동하는 게 좋다. 오프라인에서 활동할 시간이 없는 경우에는 인터넷이나 SNS를 활용하는 것도 하나의 방법이다.

가족이나 친구와 소통의 폭을 넓히면 외로움 극복에 도움이 된다. 비슷한 상황에 놓인 사람과의 교류도 외로움을 달래준다.

외로움을 극복하고 행복을 찾고 싶다면 마음을 굳게 먹고 고독 속으로 들어가야 한다. 독서, 글쓰기, 예술, 요리, 운동 등을 하며 자기 계발의 계기로 삼거나 못다 이룬 꿈을 실현할 기회로 삼는다면 한층 더 성숙한 삶을 살 수 있다.

> 내 안에는 나 혼자만 들어갈 수 있는 고독의 방이 있다. 그 방은 말라붙은 내 마음을 소생시킬 수 있는 유일한 곳이다.
>
> _펄 S. 벅

외로움은 벗어나려고 하면 할수록 점점 더 외로워진다. 외로움은 오로지 고독을 통해서만 치유 가능하다. 진정한 행복을 찾고 싶다면 용기를 내서 고독의 방으로 들어가야 한다.

무언가를 해야겠다고 마음먹는 순간, 외로움은 마치 등사기를 끈 것처럼 눈앞에서 흔적도 없이 사라져버린다.

04

어쩌다 나만 혼자 남았을까

가족은 인류가 생존하는 데 필요한 최소 규모의 집단이다. 구성원들이 서로를 보호함으로써 정서적 안정감을 느낄 수 있다. 또한 유전자를 물려받은 자식을 낳고 양육하는 일은 인류의 지속과 번성을 위해서 필수적인 일이기도 하다.

결혼은 소속감과 함께 책임감을 동반해야 한다. 부부는 변함없는 사랑으로 서로를 격려해서 자신감을 심어주고, 가족의 행복이라는 공동 목표를 달성하기 위한 협력 관계에서 오는 유대감과 동지 의식을 느낄 수 있다.

결혼해서 가족을 만들면 안정적인 삶을 살 수 있을 뿐만 아니라 개인의 성장과 행복에도 도움이 된다.

세상이 변해서 아무리 즐길 거리가 많다고 해도, 결혼 적령기를 넘기면 외로움을 느끼게 마련이다. 여성은 가정 중심의 삶에 익숙한 유전자 때문에 본질적인 외로움을 느낀다. 남성은 사회적 연결성이 강

해서 평소에는 외로움을 덜 느끼다가도 공격적인 성향의 남성 호르
몬인 테스토스테론의 영향으로 문득 깊은 외로움을 느끼기도 한다.

"과장님, 퇴근 안 하세요?"

"어, 먼저 들어가요. 난 하던 것만 마저 하고 갈게요."

사무실에 남아 있던 직원마저 퇴근하고 나자 그는 모니터에서 시
선을 뗐다.

오늘은 금요일이었다. 휴대전화를 만지작거리며 연락할 만한 친구
를 꼽아봤지만 마땅한 사람이 없었다.

마흔이 코앞이라 모두 분주한 삶을 살아가고 있었다. 반년 전에 결
혼한 친구도 있지만 자식이 중학생인 친구도 있었다. 그는 여섯 명으
로 이루어진 고등학교 절친 사이에서 유일하게 미혼이었다.

'어쩌다 나만 혼자 남게 되었을까?'

결혼 기회가 전혀 없었던 것은 아니었다. 인연이 아니었는지 두 번
이나 별것도 아닌 일로 틀어졌다.

평일에는 그나마 괜찮은데 주말, 연휴, 명절 때면 부쩍 외로웠다.
마치 놀이터에서 친구들과 신나게 놀다가 홀로 남은 기분이었다.

그가 사는 오피스텔은 회사에서 걸어서 10분 거리에 있었다. 집에
가도 마땅히 할 일도 없어서 천천히 걷다 보니 문득, 3년 전에 이혼한
친구가 떠올랐다. 혹시나 하는 마음으로 전화를 했다.

"한잔할래?"

"오늘은 안돼! 어플로 매칭이 돼서 소개팅하기로 했거든."

"그래? 잘해봐라."

그는 귀가하는 길에 음식점에 들러서 저녁을 먹었다. 혼술은 여전히 어색했지만 혼밥족이 부쩍 늘어서일까. 이제는 혼자 밥 먹어도 무덤덤했다.

오피스텔에 들어서자마자 간단히 씻고는 휴대전화를 들고 소파에 누웠다. 가로 9칸, 세로 9칸으로 이루어진 표에 1부터 9까지의 숫자를 채워넣는 스도쿠 게임을 시작했다.

생각이 많아서일까, 외로움 때문일까?

평소처럼 집중이 되지 않았다. 그는 벌떡 일어나서 테이블에 놓여 있는 색칠하기 책을 끌어당겼다. 36색 크레파스를 가지런히 펼쳐놓고 형태가 그려져 있는 공간에 색칠을 시작했다. 주말의 놀이공원 풍경이다 보니 색칠해야 할 곳도 많았다. 아이가 손에 든 풍선에 색칠을 하다 보니 문득, 가슴이 저미는 것만 같은 허전함이 밀려들었다.

그는 외로움에 발목이 잡힐세라 재빨리 신나는 음악을 틀고 줌바댄스를 추기 시작했다. 다이어트를 위해서 헬스클럽에 등록했다가 배운 춤이었다. 라틴댄스에 에어로빅 요소를 결합해서, 10분 남짓 추고 나자 전신이 땀범벅이 되었다.

'내일은 아침 일찍 등산이라도 갈까?'

그는 샤워를 하며 주말 계획을 짰다. 작년까지만 해도 이 정도는 아니었는데 마흔이 내일모레라는 의식 때문인지, 날이 갈수록 혼자 보내는 시간이 버거웠다.

상식은 살아가는 데 도움이 되지만 때로는 삶을 힘들게 한다.

'세상은 혼자서 살아가기에 좋은 곳'이라는 생각을 지닌 사람과 '세상은 남녀가 짝을 이루어서 살아가는 곳'이라는 생각을 지닌 사람이 있다고 가정해보면, 후자가 훨씬 외로움을 많이 탄다.

결혼 적령기를 놓쳤다면 비슷한 상황에 놓인 사람들의 모임에 참석하거나 여럿이 함께 즐길 수 있는 취미 활동 등을 통해서 외로움을 극복하는 것도 하나의 방법이다. 아무래도 혼자서 시간을 보내기보다는 사람이 북적대는 곳에 가야 인연을 만날 가능성이 높지 않겠는가.

그러나 현재 상황으로 볼 때 솔로 탈출이 요원하게 느껴진다면 생각 자체를 달리할 필요가 있다. 혼자 있어서 외로운 것이 아니라, 혼자라는 생각 자체가 외로움을 불러오기 때문이다.

> 혼자 있는 것을 참을 수 없다면 그것은 바로 우리가 태어나서 죽을 때까지 늘 함께 하는 유일한 동반자인 나 자신의 가치를 모른다는 것을 의미한다.
>
> _에다 르샨

명상은 외로움을 극복하기 위한 현명한 수단 중 하나이다. 명상을 잘 활용한다면 자기 자신은 물론, 인간과 인생에 대해서 폭넓은 통찰을 할 수 있다.

그 과정에서 외로움은 인간에게 주어진 숙명임을 깨닫게 된다.

누구를 믿고 의지하며 살아야 할까

믿었던 사람의 배신은 마음의 상처와 분노, 실망, 불신과 함께 지독한 외로움을 불러온다.

배신을 당하면 도파민 분비가 감소하고 코르티솔 분비가 증가한다. 타인에 대한 신뢰와 애착 관계도 약해져서, 의심하고 경계하는 편도체와 그 주변 회로가 활성화된다. 관계에 대한 두려움으로 인해서 사회적 연결 고리 또한 약해진다.

자기효능감도 저하되어서 자신의 능력과 가치에 회의감이 든다. 기존의 삶이 흔들리면서 가치관의 혼란이 오고, 다른 사람과 어울리기보다는 혼자 있는 시간을 선호한다. 스스로 외로움을 자처하게 되는 셈이다.

"그 사람은 좋다는데, 너는 마음에 들지 않아?"

소개팅을 주선했던 친구가 진지한 표정으로 물었다. 그녀는 잠시 생각하다가 고개를 끄덕였다.

"어떤 점이 싫은데? 성격 좋고, 인물 헌칠하고, 학벌 좋고, 직업도 괜찮고, 집안도 그 정도면 준수한 편이잖아."

"그렇긴 한데… 그냥 싫어. 뭐랄까? 신뢰가 가지 않는다고 할까?"

"그래?"

친구는 도무지 이해할 수 없는지 머리를 절레절레 흔들었다.

사실 그녀가 마음의 울타리를 치고 살기 시작한 것은 3년 전부터였다. 대학 2학년 때 만난 학과 선배와 8년 남짓 연애를 했다. 결혼 이야기가 한창 오갈 무렵이었다.

"결혼은 일절 부모님 도움 받지 말고 우리 힘으로 하자."

선배는 결혼식장과 집은 자기가 알아서 할 테니 통장을 자신에게 맡기라고 했다. 그녀는 아무런 의심 없이 그동안 저축해둔 돈을 긁어모아서 건넸다.

철석같이 믿었는데 선배가 어느 날 갑자기 사라졌다. 여기저기 연락해봤지만 어디로 갔는지 정확히 아는 사람이 아무도 없었다.

누군가는 투자에 실패해서 잠수 탄 것이라고 했고, 누군가는 도박으로 모두 날렸다고 했고, 누군가는 여기저기서 빌린 돈을 들고 어떤 여자와 함께 해외로 출국했다고 했다.

그녀는 도무지 실감이 나지 않았다. 드라마에서처럼 교통사고를

당해서 기억상실증이라도 걸린 건 아닐까, 걱정스러웠다. 그녀는 작은 실마리라도 잡을 수 있을까 해서 주말마다 빼놓지 않고 선배의 집을 들렀다.

보기 안쓰러웠는지 아니면 잦은 방문이 부담스러웠는지 하루는 시어머니가 될 뻔했던 여자가 더 이상 찾아오지 말라며 현관 앞에서 등을 떠밀었다.

"그냥 죽었다고 생각해라!"

"어떻게 그래요? 정말 죽은 건 아니죠?"

"나도 잘 몰라! 하지만 어딘가에서 그냥저냥 살고 있는 것만은 분명해. 그러니 너도 그냥 잊고 살아."

그녀는 아파트 놀이터에서 그동안 선배 어머니가 했던 말들을 곰곰이 되씹어보았다. 뿔뿔이 흩어져 있던 말들을 하나로 엮다 보니 한 가지 사실을 깨달을 수 있었다. 그것은 바로 믿었던 선배에게 배신을 당했다는 사실이었다.

그날 이후로 그녀는 누구도 믿지 않았다. 아니, 믿을 수 없었다. 마음의 울타리를 치고 살다 보니 어떤 사람과도 가까워질 수 없었다.

'나는… 누구를 믿고 의지하며 살아야 할까?'

그녀는 무리에서 외따로 떨어져 있는 한 마리 고슴도치처럼 지독히도 외로웠다. 그러나 무리에 쉽게 다가갈 수 없었다. 다시, 누군가의 가시에 상처 입을지도 모른다는 두려움 때문이었다.

외로움은 실체가 아닌 감정이다. 물론 외로움이 심해지면 뇌의 통증 부위가 자극당해서 실제로 육체의 통증을 느끼기도 한다.

외로움은 삶에서 무언가 부족하고 허전하다는 사실을 알려주는 감정이다. 누군가의 배신으로 인해 외롭다면 신뢰와 믿음을 통해서 외로움을 극복할 필요가 있다.

다음은 배신으로 인한 외로움에서 벗어나는 방법 5단계다.

하나, 자신의 감정을 인지하고 표현한다. 배신을 당하고 나면 외로움뿐만 아니라 분노나 우울 같은 여러 감정에 휩싸이게 된다. 자신의 감정을 부인하기보다는 솔직하게 인정해야 한다. 일기를 쓰거나, 친구나 가족 혹은 전문 상담사에게 털어놓을 필요가 있다.

둘, 상황을 분석하고 이해하기. 어떻게 해서 그런 일이 일어났는지, 자신의 입장뿐만 아니라 배신자의 입장에서도 상황을 바라보며 분석한다. 배신한 상황과 동기를 객관적으로 분석하고 이해하려고 노력하다 보면 배신한 사람에 대한 적대감이나 원망을 줄일 수 있다.

셋, 용서하기. 마음속 미움을 내려놓는 용서는 상대방을 위해서가 아니라 자신의 남은 삶을 위한 최선의 선택이다. 꼴도 보기 싫고, 두 번 다시 얼굴을 마주하고 싶지도 않다면 혼자서 용서하면 된다. 마음속으로라도 용서하고 나면 평화가 찾아오고, 추악하게만 느껴졌던 세상이 다시 아름답게 빛나기 시작한다.

넷, 자신을 돌보고 사랑하기. 배신을 당하면 여러 감정에 휩싸여서 장기간 자기 자신을 방치하게 된다. 배신한 것은 자신이 아니라 상대방이다. 자신의 능력, 가치, 품성 등은 그대로이다. 지금 자신에게 필요한 것이 무엇인지를 찾아서 충족시키자. 기분도 좋아지고, 자존감도 회복된다.

다섯, 새로운 관계 맺기. 세상 모든 사람이 배신자는 아니다. 배신을 당했다고 해서 세상 모든 사람을 등지는 것은 어리석은 짓이다. 새로운 관계를 맺음과 동시에 기존의 관계를 회복할 필요가 있다. 취미와 관심이 비슷한 사람들과 소통하는 한편, 잠시 멀어져 있던 가족이나 친구들과는 솔직한 대화를 통해서 신뢰를 회복할 필요가 있다.

> 사랑은 신뢰의 꽃이고, 배신은 그 꽃을 시들게 하는 독약이다.
> _윌리엄 셰익스피어

이미 시들어버린 꽃을 가슴에 품고 있는 사이에 우리의 찬란했던 청춘도 시들게 마련이다. 꽃이 시들었다면 다시 꽃을 피우면 된다.

누군가의 배신으로 인해 외롭다면 마음속 미움을 내려놓고, 새로운 사랑을 찾아서 떠나라. 더 예쁜 사랑이 우리를 기다리고 있다.

06

세상이 왜 사막 같을까

가족이든 연인이든 사랑하는 사람과 함께 있으면 뇌하수체에서 사랑의 호르몬으로 불리는 옥시토신이 분비된다. 스트레스는 감소하고 유대감은 강화된다.

그러나 사랑하는 사람과 사별을 하면 옥시토신 분비는 줄어들고 스트레스 호르몬이 증가한다. 강한 유대감으로 연결되어 있던 사람의 죽음을 뇌는 생존에 대한 위협으로 받아들인다. 불안, 공포, 우울로 인해서 오랫동안 몸담았던 세계에서 추방당한 채 끝도 없는 사막에 홀로 서 있는 것만 같은 쓸쓸한 기분이 든다.

우리를 사랑하고 존중해주었던 사람과의 사별은 우리의 정체성과 존재 가치에 대한 혼란을 가져온다. 자아존중감도 낮아져서 외로움과 함께 무기력감을 느끼게 된다.

"딸, 잘 지내지? 일이 바쁘더라도 밥은 꼭 챙겨 먹어. 시간 날 때 얼굴이나 좀 보자."

길을 걷고 있는데 어디선가 아버지의 목소리가 들렸다. 그녀는 걸음을 우뚝 멈췄다. 환청이라는 걸 알지만 아버지의 목소리를 좀 더 자세히 듣고 싶었다. 목소리에 담긴 깊은 사랑까지 느끼고 싶었다.

그녀는 반년 전, 아버지와 사별했다.

어렸을 때는 아버지와 사이가 좋았는데 사춘기를 지나면서 소원해졌다. 중학교에 입학한 이후에는 대화다운 대화를 나눠본 적이 없었다. 아버지와 다시 사이가 좋아진 것은 지병을 앓던 어머니의 장례식을 치르고 나서였다. 화장터에서 돌아오는데 문득 '이 세상에 남은 유일한 혈육은 아버지뿐이구나!'라는 깨달음이 밀려들었다.

평소에 아버지에게 잘해드려야겠다는 마음은 항상 있었다. 그러나 한 시간 남짓한 거리임에도 불구하고 따로 떨어져 살다 보니 뜻대로 되지 않았다. 생신이나 어머니 제사 혹은 명절에 찾아뵙는 정도였다.

그날은 회사에서 아침 회의가 있었다. 장시간의 회의를 마치고 나니 점심시간이었다. 휴대전화를 들여다보니 아버지에게서 아침 일찍 전화가 와 있었다. 여러 차례 전화를 걸어보았지만 신호는 가는데 받지 않았다. 한 번도 없었던 일이다.

택시를 잡아타고 아파트로 달려갔다. 아버지는 화장실에서 의식을 잃고 쓰러져 있었다. 출혈성 뇌졸중이었다. 병원으로 옮겼지만 이미 늦고 말았다.

'다 나 때문이야. 아버지가 전화를 받지 않았을 때 곧바로 119를 불렀어야 했는데….'

아버지의 장례를 치르고 나서 한동안 자책감에 시달렸다. 우울증이 심해져서 정신과 치료를 받아야 했다.

어렵사리 자책감에서 벗어나고 나니, 이번에는 외로움이 기다리고 있었다. 아버지가 살아 있을 때는 몰랐다. 연락은 자주 하지 않아도 그렇게 외롭지는 않았다. 그런데 막상 아버지마저 세상을 떠나고 나니 세상이 막막한 사막으로 변했다. 그 어떤 풍경도 눈에 들어오지 않았고, 무슨 일을 해도 외로움에서 벗어날 수 없었다.

그녀는 밤거리를 걷다가 뒤를 돌아보았다. 걸어온 길 그 어디쯤에서 아버지가 말없이 지켜보고 있을 것만 같았다.

사랑하는 사람과 사별했을 때 일정한 기간을 갖고 충분히 애도할 필요가 있다. 그래야 후유증이 남지 않는다.

애도 기간이 끝났다면 상식이나 진리에 대해서 다시 한 번 생각해볼 필요가 있다. 상식이나 진리는 때로는 인생을 힘들게 하지만 때로는 위안을 준다.

'인간은 모두 죽는다'든지 '누군가가 죽어도 나의 삶은 계속된다'라든지 '인생의 가치는 과거가 아니라 현재에 있다' 등 명제는 많다.

인간의 뇌는 유연하다. 외로움에 집착하면 외로움을 부르고, 사랑에 집착하면 사랑을 불러오고, 성공에 집착하면 성공으로 가는 길을 찾아낸다.

> 새로운 시간에는 새로운 마음을 담아야 한다.
> _아우구스티누스

　사별을 겪어 마음이 아프고 외롭더라도 이미 세상을 떠나버린 고인에게 집착하는 것은 고인에 대한 예의가 아니다. 사후 세계의 유무와 상관없이, 죽은 사람은 그대로 놓아주어야 한다. 또한, 살아 있는 사람은 자신의 삶을 살아야 한다.

　누구의 삶인들 상식이나 진리를 벗어날 수 있으랴. 외롭고 힘들 때 상식이나 진리를 떠올리는 것만으로도 기분이 바뀌고 위로가 된다.

❋ 간단하게 외로움을 다스리는 6가지 좋은 습관

1. 소중한 사람에게 연락하기

사회적 상호작용은 뇌에 긍정적인 영향을 준다. 사랑하는 이들과 만날 때는 물론이고, 전화 통화만 해도 뇌에서는 도파민, 세로토닌, 옥시토신 같은 행복 호르몬이 분비된다. 그중에서도 옥시토신은 스트레스를 줄이고, 통증을 완화하고, 기억력을 높이는 데 도움이 된다. 외로움을 달래주는 것은 물론이고 우울증·불안·치매와 같은 질병의 위험을 낮춘다.

외롭다면 주저하지 말고 소중한 사람에게 연락하라. 공동체의 일원이라는 소속감이나 사랑받고 있다는 느낌을 받을 수 있어서, 안정감과 행복감이 증가한다.

▶ 따라 하기 ▶ 소중한 사람에게 연락하기

▼ 연락할 사람을 선택한다. 내가 지금 느끼는 외로움의 종류를 생각하고, 그 외로움을 극복하는 데 가장 효과적인 사람을 선정한다.

▼ 연락 방법을 선택한다. 내 마음 상태를 살핀 뒤 효과적인 연락 방법을 찾아본다. 전화나 영상 통화가 빠르고 간단하지만 때로는 편지나 문자, 메시지가 더 효과적이다. 차분하게 글을 쓰는 과정에서

외로움을 극복하기도 한다.

▼ 적절한 시간을 선택한다. 상대방의 일정을 고려해서 한가한 시간을 선택한다. 해외에 체류 중이라 시차가 있다면 잠자는 시간이나 새벽 시간은 피해야 한다.

▼ 진솔한 대화를 나눈다. 통화를 하거나 글을 쓸 때는 마음을 열고 솔직하게 털어놓아야 한다. 그래야 상대방도 나의 처지를 이해하고 공감할 수 있다.

▼ 상대방의 관심사에 대해서 질문한다. 혼자만 일방적으로 말하는 건 올바른 대화가 아니다. 상대방의 관심사에 대해서도 질문을 해서 상호작용을 해야 연결성이 강화되고, 심리적 안정감을 느낄 수 있다.

▼ 긍정 에너지를 전달하기 위해 노력한다. 아무리 가까운 사이라도 부정적인 마인드를 지닌 사람은 피하고 싶은 것이 인간의 본능이다. 통화를 할 때는 웃음을 잃지 말아야 하며, 서로 격려하고, 감사의 표현 등을 통해서 상대방에게 긍정 에너지를 주어야 한다.

▼ 정기적으로 연락하고 자주 만난다. 지속적으로 연락하고 자주 만나야 외로움을 극복할 수 있고, 관계를 성장시킬 수 있다.

2 반려동물 키우기

반려동물은 사랑과 돌봄의 대상이어서 기쁨과 안정감을 느낄 수 있다. 외로움과 같은 감정적인 소모를 줄이는 데 적잖은 도움을 준다.

반려동물은 소속감과 사랑의 감정을 불러와서 '가족 구성원'으로

서의 역할을 대신할 수 있다. 같은 반려동물을 키우는 사람들과 소통하거나 관계를 형성하는 데도 도움을 준다.

인류는 오랜 기간 반려동물과 함께 생활해왔다. 반려동물은 인간과 협력하며 상호의존적인 존재여서 돌보는 데 필요한 시간, 노력, 비용, 책임 등을 감당할 수 있다면 외로움을 극복하고 삶의 질을 높일 수 있다.

▶ 따라 하기 ▶ 반려동물 키우기

▼ 반려동물 선택하기. 강아지, 고양이, 새, 햄스터 등을 비롯해 다양한 선택지가 있다. 반려동물의 특성과 개인의 취향, 생활환경 등을 고려해서 서로가 스트레스 받지 않고 행복할 수 있는 반려동물을 선택한다.

▼ 필요한 지식 습득하기. 반려동물의 특성에 맞는 관리와 돌봄에 관한 공부를 한다. 식사, 배변, 위생 관리, 훈련, 산책 등 반려동물에 필요한 모든 것을 제공할 수 있도록 충분히 이해하고 준비한다.

▼ 쾌적한 환경 조성하기. 반려동물이 쾌적하고 안전한 환경에서 생활할 수 있도록 또한 이웃에게 피해가 가지 않도록 생활공간을 조성한다. 반려동물이 혼자 지내는 시간이 많다면 충분한 공간, 식사와 물, 장난감 등을 준비해놓는다.

▼ 상호작용과 놀이. 반려동물과 상호작용을 하고 놀이를 즐기면 애정이 깊어지고 서로에 대한 관심도 높아진다. 규칙적인 산책과 훈련, 장난감 등을 동원한 놀이를 통해 즐거운 시간을 보낸다.

▼ 다른 반려동물 주인과 소통하기. 애견 공원, 동물 카페, 온라인 커뮤니티 등을 통해서 반려동물의 주인들과 교류하고 소통한다. 주

인끼리 정보를 교환하고, 반려동물끼리 즐거운 시간을 보낼 수 있다면 외로움 극복에 효과적이다.

▼ 예방접종과 건강검진. 반려동물을 키우려면 책임감이 있어야 하며, 적잖은 시간과 비용이 소모된다. 함께하는 동안 건강하고 행복한 삶을 살아갈 수 있도록 예방접종을 하고, 정기적으로 건강검진을 받는다.

3. 자기 계발하기

외로움을 극복하는 가장 좋은 방법은 고독 속으로 들어가는 것이다. 인간은 강한 성장 욕구를 지니고 있다. 목표를 세우고 자기 계발을 하다 보면 성취감과 함께 자아존중감과 자기만족이 차올라 외로움은 자연스럽게 사라진다.

또한 자기 계발을 통해서 사회적 네트워크를 확장할 수 있고, 새로운 사람과 연결되므로 인맥 형성에도 도움이 되어서, 생각지 못했던 기회를 잡기도 한다.

▶ 따라 하기 ▶ 자기 계발하기

▼ 목표 설정하기. 충분한 사색을 통해서 나의 가치관과 관심사를 고려한 후 자기 계발을 위한 최종 목표를 설정한다.

▼ 계획 수립하기. 단기·중기·장기 목표를 세운다. 단, 목표는 구체적이고 현실적이어야 한다. 실행 가능한지 검토해보고, 각 단계에 필요한 물적·인적 지원을 확보해둔다. 계획은 상황에 따라서 바뀔 수 있으니 조정이 가능하도록 설계한다.

▼ 수준 높이기. 목표 달성을 위해서 능력을 향상시킨다. 관련 지식과 기술을 습득하고, 수준을 최대한 끌어올리기 위한 연습 및 활동을 시작한다. 책을 읽고, 경험자로부터 노하우를 전수받고, 교육이나 훈련을 통해서 능력치를 끌어올린다.

▼ 습관 형성하기. 자기 계발이 작심삼일이 되지 않도록 정해진 시간에 꾸준하게 하는 습관을 형성한다. 좋은 습관을 들이면 예상보다 큰 성과를 얻을 수 있다.

▼ 자기 평가와 피드백 받기. 주기적으로 자신의 실력을 평가하고, 전문가에게 도움을 요청해서 피드백을 받는다. 목표에 이르지 못했을 경우, 방해 요소를 제거하고 실력을 키울 대책을 마련한다.

▼ 공유하기. 최종 목표가 아니더라도 목표를 달성했으면 다른 사람과 공유한다. 공유를 하면 격려나 칭찬을 받게 되고, 때로는 조언을 듣게 된다. 이러한 것들은 목표 달성을 위한 동기를 부여한다.

4. 혼자 여행하기

혼자 하는 여행은 고독을 즐기는 방법 중 하나이다. 다른 사람의 눈치를 볼 필요가 없으므로, 자신의 생각과 감정에 집중할 수 있다. 혼자서 모든 일을 선택하고 결정하다 보면 독립성이 강화되고, 자기 신뢰감이 향상되며, 자신감도 높아진다.

또한 새로운 장소에서 자유로운 시간을 보내다 보면, 자신과 깊은 대화를 나눌 수 있고, 자아를 발견할 수도 있다.

인간의 뇌는 호기심에 강하게 이끌린다. 새로운 사람을 만나서 대화를 나누고, 새로운 문화를 경험하다 보면 편견에서 벗어날 수 있고, 시야도 넓어진다. 뇌에서는 도파민과 세로토닌의 분비가 증가해서 삶의 만족감이 높아지며, 순수한 행복감을 느낄 수 있다.

▶ 따라 하기 ▶ 혼자 여행하기

▼ 목적 설정하기. 혼자서 여행하려는 목적을 설정한다. 어떤 경험을 하고 싶은지, 그 경험을 통해 무엇을 얻고 싶은지를 먼저 생각해 본다.

▼ 여행지 선택하기. 여행 목적지를 선택한다. 여행 목적을 달성할 수 있도록 여행 계획을 짜고, 안전성과 예산을 고려해서 여행지를 선택한다.

▼ 세부적인 여행 일정을 짠다. 여행 기간, 이동 수단, 숙박, 관광 명소 및 식당 방문 등의 일정을 구체적으로 짠다. 세상에는 우연이 존재하기에 계획대로 흘러가지 않을 수도 있으므로, 일정을 조절할 수 있도록 시간이나 비용에 어느 정도 여유를 둔다.

▼ 안전을 확보한다. 혼자 하는 여행에서 가장 신경 써야 할 부분은 안전이다. 여행지가 안전한 곳인지 확인하고, 필요한 보험에 가입하고, 비상 연락망을 통한 안전 조치를 마련한다.

▼ 자기 관리하기. 혼자 여행하다 보면 신경 써야 할 부분이 많아서 금세 지친다. 영양이 풍부한 식사를 하고, 충분한 휴식과 깊은 수면을 취할 수 있도록 일정을 조율한다.

▼ 소통하고 연결하기. 비록 혼자서 하는 여행일지라도 다른 여행자나 현지인 그리고 지인과의 소통을 경시해서는 안 된다. 충분히 소통해야만 개인적으로 성장할 수 있고, 안전을 확보할 수 있다.

▼ 자기반성과 성찰. 여행하는 동안 살아온 삶을 반성하고, 자신의 내면을 성찰해서 성장의 계기로 삼는다.

▼ 기록하기. 여행을 마치고 돌아왔으면 여행기를 작성한다. 다큐멘터리 형식으로 사진과 동영상을 첨부해서 만들어도 좋고, 소설이나 편지 형식으로 기록해도 무관하다. 인간은 망각의 동물이므로 기록을 남겨놓으면, 알찬 여행을 보냈다는 만족감을 느낄 수 있고, 훗날 그때의 감정을 떠올릴 수 있다.

5. 자연과 교감하기

인류는 오랜 세월 자연과 함께 살아왔다. 자연 풍광과 소리, 향기 등은 뇌에 편안함과 안정감을 준다. 산책, 캠핑, 등산, 하이킹, 명상 등을 통한 활동은 혈압을 낮추고 면역력은 높인다.

인간은 대단한 듯 보여도 자연과 교감하다 보면 그저 자연의 일부라는 사실을 깨닫게 된다. 자연과 상호의존관계에 있으며 인간 역시 자연 속에서 살아가는 다른 생명체와 다르지 않음을 상기함으로써, 소외감이나 외로움에서 벗어나게 된다.

외로움을 달래거나 마음의 평화를 찾는 데는 물론이고, 창의력 발달에 도움이 되고, 일상생활에서는 찾지 못했던 영감을 얻기도 한다.

▶ 따라 하기 ▶ 자연과 교감하기

▼ 장소와 시간 선택하기. 자연과 교감을 위한 장소와 적절한 시간을 선택한다. 산, 바다, 공원 등 자신의 감정 상태에 알맞은 장소를 선택하고, 자연과 교감할 시간을 확보한다.

▼ 준비물 챙기기. 항상 안전을 염두에 두고 사전에 날씨 정보를 확인한다. 적절한 옷차림, 여벌의 옷, 신발, 식수, 비상식량, 지도 등을 챙긴다.

▼ 자연과 교감하기. 장소에 도착하면 자연의 아름다움을 만끽한다. 풍경, 식물, 동물, 소리 등에 주의를 기울이며 마음의 문을 열고 자연과 하나가 된다.

▼ 명상하기. 자연 속에서 명상을 한다. 눈을 감아도 되고, 강이나 산, 밤하늘의 별들을 바라보며 해도 무방하다. 명상은 내면의 복잡한 감정을 탐구하고 외로움의 본질을 이해하는 데 도움이 된다.

▼ 자연 속에서 활동하기. 산책, 하이킹, 조깅, 자전거 타기, 수영, 보드 타기 등 자연과의 상호작용을 통해 기분을 전환한다. 자연 속에서 에너지를 소모하고 나면 엔도르핀이 분비되어서 외로움을 극복할 수 있다.

▼ 자연의 아름다움 공유하기. 사진, 비디오, 글 등으로 자연의 아름다움과 자연에서의 체험, 자연에서 느낀 감정 등을 지인들과 공유한다. 이런 활동은 성취감을 느낄 수 있고, 사회적 네트워크로 연결되므로 외로움을 극복하는 데도 도움이 된다.

6. 새로운 일에 도전하기

인생은 크고 작은 도전의 연속이다. 새로운 경험을 통해서 자아를 실현할 수 있고, 잠재력을 발휘함으로써 삶의 질을 높일 수 있다.

또한 행동 패턴이 바뀌어서 변화된 환경 속에서 새로운 사회적 네

트워크를 형성한다. 새로운 사람들과의 상호작용이나 협력을 하다 보면 자연스럽게 외로움을 극복할 수 있다.

도전에 성공할 경우에는 성취감을 맛볼 수 있고, 자기효능감과 함께 자신감도 높아져서 외로움은 흔적도 없이 사라진다.

▶ 따라 하기 ▶ 새로운 일에 도전하기

▼ 목표 설정하기. 도전하고 싶은 목표를 설정한다. 나의 가치관, 관심사, 역량을 고려해서 선정해야 하며, 도전을 통해서 무엇을 얻을지를 명확히 이해해야 한다.

▼ 동기 부여하기. 도전에는 역경과 어려움이 따르게 마련이다. 나에 대한 믿음을 강화하고 도전의 가치와 중요성을 일깨워서, 고난이 닥쳐도 포기하지 않도록 동기를 부여한다.

▼ 준비하기. 도전에 필요한 구체적인 계획을 세우고, 물적·인적 자원을 확보하고, 도전에 필요한 기술 등을 수련한다.

▼ 한 걸음씩 나아가기. 단번에 간단하게 이룰 수 있는 것은 도전이라고 할 수 없다. 목표를 잘게 나누어서 한 걸음씩 앞으로 나아가야 한다. 도전에 불필요한 습관은 바꾸고, 작은 성공일지라도 축하하고 격려하며 전진해 나아간다.

▼ 경험과 지식 쌓기. 도전에 성공하려면 관련 경험과 지식은 필수이다. 어떠한 상황에 부딪치더라도 적절하게 대처할 수 있는 경험과 지식을 쌓는다.

▼ 보상하기. 도전을 성공적으로 마쳤다면 수고한 나에게 보상을 한다. 적절한 보상은 새로운 도전을 위한 동기를 부여한다.

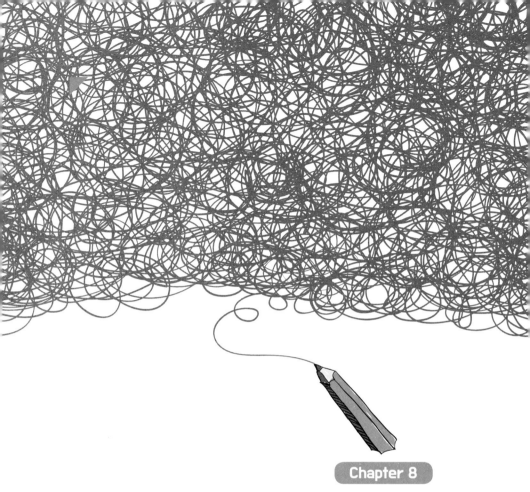

Chapter 8

내 머릿속 먹구름은
왜 걷히지 않는 걸까

무슨 일이 일어나든,
오늘이 얼마나 나빠 보이든,
삶은 계속되고 내일은 더 나아질 것입니다.
_ 마야 안젤루

01

나는 무엇을 위해서 사는가

우울은 슬픔, 절망, 무기력, 무관심, 상실과 같은 감정적인 상태를 말한다.

그러나 우리가 흔히 사용하는 '웃프다'라는 말에서도 알 수 있듯이 감정은 한 가지 형태로 나타나지 않는다. 특히 우울은 복잡한 감정이다. 우울증이 있다면 우울한 기분보다는 슬픔, 불안, 공포, 공허, 무기력, 절망 등의 복합적 감정이 든다.

과다한 업무가 장기간 지속될 경우, 행복 호르몬의 분비는 줄고 스트레스 호르몬이 과다하게 분비되어 호르몬 불균형이 발생하고 우울한 감정에 사로잡힌다.

해외영업팀에서 일하는 입사 8년 차인 그는 팀에서 총애받는 유능한 직원이다. 입사하고 나서 중요한 프로젝트를 여러 차례 성사시켜서 동기 중 가장 먼저 과장에 올랐다.

그는 팀원들이 퇴근하고 난 뒤에도 혼자 남아 일을 계속했다. 밤 여덟 시가 넘자 출출했다. 간단하게 저녁이라도 먹고 오려고 자리에서 일어나는데 정 상무가 들어왔다.

"늦게까지 일하고 있구먼."

"네, 할 일이 좀 남아서요."

"자네도 알겠지만 사장님이 이번 프로젝트에 지대한 관심을 갖고 계시네. 한 치의 실수도 없도록 각별히 신경 쓰게!"

"네, 알겠습니다. 기대에 어긋나지 않도록 최상의 결과를 만들어내겠습니다!"

그는 정 상무와 함께 회사 밖으로 나갔다가 패스트푸드점에서 햄버거와 커피를 사서 다시 사무실로 돌아왔다.

기획안을 보완하다 보니 일정이 빡빡했다. 프로젝트가 끝날 때까지 최소 3개월은 야근은 물론이고 주말에도 나와서 일을 해야만 할 것 같았다.

컴퓨터 화면을 바라보면서 햄버거를 먹다 보니 슬픔 같기도 하고 절망 같기도 한 감정이 안개처럼 밀려왔다. 몇 개월 전부터 자주 드는 감정이었다.

'나는 도대체 무엇을 위해서 사는 걸까?'

우울한 감정이 빠르게 온몸을 적시면서 머릿속이 물 먹은 스펀지처럼 무거워졌다. 햄버거 맛조차 느낄 수 없었다. 마치 닳고 닳은 슬리퍼를 씹는 기분이었다. 그는 반쯤 남은 햄버거를 포장지에 싸서 쓰레기통에 버렸다.

창가로 가서 화려한 불빛으로 반짝이는 도시를 내려다보았다. 입사하고 나서 8년 동안 출세와 명예를 위해서 쉬지 않고 달려왔다. 프로젝트를 성공적으로 마치거나 동기보다 빨리 승진할 때는 짜릿한 성취감을 느꼈다.

워커홀릭이 되어서 죽어라 일했지만 일은 계속해서 늘어나기만 할 뿐 줄지 않았고, 업무에 대한 부담도 점점 가중되었다.

얼마 전부터 그는 모든 것이 부질없다는 생각에 사로잡혀 있었다. 출세도 성공도, 생과 사도 부질없다는 생각이 들었다.

'나는 왜 이렇게 사는 걸까?'

유리창에 비친 자신의 모습이 마치 유령 같았다.

과다한 업무와 성과에 대한 부담감은 불안, 피로, 무기력 같은 감정들을 불러와서 자존감과 함께 자기효능감을 떨어뜨린다.

우울한 감정에서 탈출하려면 마인드 자체를 바꿔야 한다. '나 아니면 안돼!'라거나 '완벽하게 해낼 거야!'라는 생각에서 벗어나야 한다.

업무가 과다하다면 팀원들과 분담할 필요가 있다. 시간이 부족하다면 완벽을 꾀하기보다는 끝내는 데 초점을 맞춰야 한다.

> 일하는 즐거움이 일의 완벽을 가져온다.
> _아리스토텔레스

일을 혼자서 해내려고 욕심부리지 마라. 완벽하게 해내려고 전력투구하지 마라. 그것들은 결국 심신을 지치게 해서, 일하는 즐거움을 없앤다.

과다한 업무로 소진되기 전에 휴식을 취하거나, 친구들과 함께 수다를 떨며 맛있는 음식을 먹거나, 취미 활동을 즐겨라.

기분을 바꿔야 삶이 즐거워지고, 일하는 기쁨을 느낄 수 있다.

02

나는 왜 이렇게 운이 없을까

뇌에는 행동과 관련해 보상 체계를 조절하는 보상 회로가 있다. 생존 기능과도 밀접한 관련이 있으며 감정을 제어하는 역할을 한다. 대뇌피질은 정보 처리와 의사 결정을 하는데 전두피질에서 보상에 대한 평가 및 예측을 한다.

사냥에 성공하면 보상 회로가 활성화되면서 도파민이 생성되어 기분이 좋아진다. 그러나 사냥에 실패하면 도파민 부족으로 우울감에 사로잡힌다. 투자 역시 마찬가지다. 투자에 성공하면 도파민이 분비되어 성취감을 느끼지만 실패할 경우 도파민 부족으로 우울감에 사로잡힌다.

◇◆◇

"너, 영어 좀 하지? 우리 학원에서 파트타임으로 일해볼래?"

"얼마 줄 수 있는데요?"

"하기 나름이지만 열심히 하면 월 150은 챙길 수 있을 거야."

"됐어요. 안 할래요."

"너 돈 필요하다며?"

"그렇기는 한데, 그 정도 받아서는 어림도 없어요."

그는 전화를 끊고 침대에 몸을 던졌다. 씻고서 저녁을 먹어야 하는데 꼼짝하기 싫었다. 어디에도 희망은 없었다. 멍하니 천장을 올려다보고 있으니 눈물이 주르륵 흘렀다.

대기업에 다니는 그는 3년 전까지만 해도 행복했다. 대리로 승진을 한 데다 여자 친구가 청혼을 받아줬기 때문이다.

그의 불행은 술자리에서부터 시작됐다. 입사 동기가 전세를 끼고 집을 사서 집값이 오르면 되파는 갭 투자로 큰돈을 벌었다며 자랑을 했다.

"야, 기분이다. 오늘은 내가 쏠게!"

친구는 세상을 모두 가진 듯 기분이 좋아 보였다. 그는 입안이 씁쓰름했다. 코인에 투자하라는 친구의 말을 무시했다가 땅을 치고 후회했던 그였다. 이번 기회만큼은 놓칠 수 없다는 생각이 들었다.

그는 결혼자금으로 모아놓은 2억 남짓한 돈으로 갭 투자에 뛰어들었다. 부동산이 상승하는 시기여서 한동안은 제법 잘됐다. 자산이 불어나는 것이 눈에 보일 정도였다. 그는 부모님 집을 담보로 은행에서 대출을 받아서 본격적인 투자에 나섰다.

무주택자였던 그의 집이 순식간에 여덟 채로 늘어났다. 그런데 어느 날 갑자기 집값이 폭락하면서 은행 금리가 큰 폭으로 상승하기 시작했다.

집을 처분하려고 부랴부랴 부동산에 내놓았지만 팔리지 않았다. 비슷한 처지의 투자자들이 내놓은 매물만 넘쳐났다. 속이 쓰렸지만 소유하고 있던 아파트와 빌라를 헐값에 처분할 수밖에 없었다.

그는 졸지에 파산했고, 빚더미에 앉았다. 월급은 모두 은행 이자로 빠져나갔다. 원금 상환은 꿈도 꿀 수 없는 상황이었다.

알거지가 되자 결혼은 자연스럽게 없던 일이 되었고, 약혼녀는 떠나갔다. 거기다 설상가상으로 헐값에 처분했던 집값이 반등하기 시작했다. 사채를 쓰는 한이 있더라도 좀 더 버텼어야 했는데, 라는 생각이 뒤늦게 들었지만 이미 엎질러진 물이었다.

경제적인 현실을 생각하면 퇴근 후 뭐라도 해서 돈을 벌어야 하는데 만사가 귀찮았다. 직장에 출퇴근하는 것조차 귀찮았지만 마지못해 다니는 중이다.

"나는 왜 이렇게 운이 없을까?"

눈을 감자 피로와 함께 졸음이 몰려왔다. 그는 서서히 잠 속으로 빠져 들어가면서 신에게 기도했다.

'이대로… 영원히… 잠들게… 하소서….'

투자에 실패하면 자존감에 상처를 입는다. 운수 탓으로 돌리려고 해도, 자신의 그릇된 판단으로 실패했다는 생각에 사로잡혀 자기비하로 인해서 한층 더 우울해진다.

자산을 관리하는 것 못지않게 중요한 것이 빚 관리이다. 재정적으로 어려울수록 정확한 재정 상태를 파악하고, 그에 맞는 계획을 세워야 한다.

막연하게 알고 있는 것과 정확히 아는 것은 다르다. 금융 전문가의 도움을 받아서 채무 상환을 조정하고 상환 계획을 수립할 필요가 있다. 부채라고 해서 모두 똑같은 것은 아니다. 우선순위가 있는 빚이나 이자율이 높은 빚을 먼저 변제해야 한다.

현재 상황을 정확히 파악하고 상환 계획까지 세우고 나면 우울감이나 무기력 상태에서 벗어날 수 있다. 수입이 얼마 안되더라도 부업을 하면 기분도 바뀌고 희망도 생긴다.

이번 기회에 삶의 목표를 재정립하는 것도 나쁘지 않다.

> 우울증은 단순한 고통이라기보다는, 삶에 대한 의미와 목적을 찾는 과정일 수 있습니다. 우울증은 우리에게 삶의 깊이와 가치를 탐구하고 발견할 기회를 제공합니다.
>
> _롤로 메이

우울할 때일수록 정리하는 습관을 길러야 한다. 집 안을 정리하든, 재정 상태를 정리하든, 머릿속을 정리하든 간에 정리하다 보면 기분이 바뀌면서 다음에 해야 할 일이 보인다.

03

어딘가에 내 짝도 있을까

사람을 오래 사귀면 애착 관계가 형성된다.

이별은 정서적으로 연결되어 있던 세계의 붕괴라 할 수 있다. 스트레스 호르몬 분비가 왕성해지면서 혼란, 슬픔, 분노 등 다양한 감정 변화를 겪게 되고 수면 장애에 시달리기도 한다.

반면 행복과 안정감을 느끼게 하고 보상과 만족감을 느끼게 하는 호르몬의 분비가 감소해서 무기력과 의욕 상실에 빠지게 되고, 불안감과 우울감에 사로잡힌다.

그녀는 소파에 앉아서 리모컨으로 텔레비전을 켰다. 연인들의 다정한 모습이 비치면 습관처럼 채널을 돌렸다.

이리저리 채널을 돌리다 보니 이별하는 연인들의 모습이 나왔다.

그녀는 리모컨을 내려놓고 그들의 안타까운 이별을 지켜보았다.

그녀는 2년 전에 10년을 사귄 남자친구와 헤어졌다. 사귀는 동안 모두 네 번 이별했다. 세 번의 이별은 길어야 두세 달이었다. 다시는 안 볼 것처럼 싸우고 헤어졌어도 두세 달쯤 지나면 언제 그랬느냐는 듯이 제자리로 돌아왔다.

그러나 네 번째 이별만큼은 돌이킬 수 없었다. 이별한 지 6개월 만에 그가 다른 여자와 결혼했기 때문이다.

"너도 다른 남자 만나. 최고의 복수는 상대방보다 더 잘 사는 거라잖아!"

친구들의 위로와 격려에 힘입어서 소개팅도 세 차례 했었다. 하지만 열정의 촛불이 모두 타버린 걸까, 도무지 남자에 대한 흥미가 생기지 않았다.

집과 회사를 오가며 혼자 지내다 보니 2년이 훌쩍 지났다. 어느새 결혼 적령기를 지나고 있었지만 새로운 만남을 시작할 엄두도 나지 않았다.

그녀의 유일한 취미는 오피스텔에서 거리를 오가는 사람들을 밤늦은 시각까지 내려다보는 것이었다. 위에서 세상을 내려다보고 있으면 삶이 하찮게 느껴졌다.

'어딘가에 내 짝도 있을까?'

팔짱을 끼고 걸어가는 연인들의 뒷모습을 눈으로 좇으며 스스로에게 물었다. 그녀는 잠시 생각하다가 천천히 머리를 흔들었다.

◇◆◇

이별의 상실감을 극복하는 가장 좋은 방법은 이별을 인정하고 받아들이는 것이다. 현실을 받아들이지 않고 방치해두면 삶 또한 정체될 수밖에 없다.

많은 사람이 헤어진 연인을 잊지 못하는 까닭은 마음속에서 제대로 이별하지 않았기 때문이다. 이미 이별했다면 연인과의 결별을 받아들이고 충분히 슬퍼하라.

새 술은 새 부대에 담아야 한다. 그래야만 겨울이 지나면 봄에 새싹이 돋듯, 새로운 만남을 시작하고 싶은 마음이 돋아난다.

> 만나고, 알아가고, 사랑하고 그리고 이별하는 것이 모든 인간의 공통된 슬픈 이야기이다.
>
> _새뮤얼 테일러 콜리지

연인과 헤어지고 나면 세상에서 가장 슬픈 비극의 주인공이 된 것 같은 착각에 빠지기 쉽다. 하지만 세상에 이별처럼 흔한 것도 많지 않다. 살아가면서 이별해보지 않은 사람이 얼마나 있겠는가.

이별 때문에 기분이 우울하다면 환절기의 감기처럼 다들 겪는 일이라고 생각하라. 한 발짝 떨어져서 객관적인 시선으로 이별을 바라보면 마음도 한결 가벼워지고, 기분도 전환된다.

어쩌다가 나는 괴물이 됐을까

전두엽은 뇌의 총사령관으로 정보를 종합해서 판단하고, 수위를 조절하고, 절제력을 발휘해서 자기 통제 등을 한다.

과다 체중이 되면 '이상의 나'와 멀어지면서 세로토닌과 도파민의 분비가 감소하여 우울해진다. 전두엽의 판단력과 절제력도 떨어져서 절식을 해야 하는데 오히려 폭식을 선택하기도 한다.

"먹는 것 좀 봐! 저게 사람이야, 돼지지?"

"회사를 옮기든가 해야지, 수준 차이 나서 다닐 수가 있나."

패스트푸드점에서 햄버거를 베어 먹다가 그는 동작을 멈추었다. 먹던 햄버거를 내려놓고 조심스럽게 주변을 살폈다.

손님은 대부분 학생이었다. 다행히도 회사 직원은 없었다.

'환청이었나?'

그는 다시 햄버거를 먹기 시작했다. 다섯 개째 먹고 있는데도 포만감이 느껴지지 않았다.

누군가의 시선이 느껴져서 고개를 돌렸다. 거울에 비친 자신의 모습이 보였다. 주체할 수 없는 살덩어리로 둘러싸인 남자가 자신이라니 도무지 믿기 어려웠다.

그도 다이어트의 필요성을 느끼고 있었다. 회사에서 여직원들은 그를 '하마' 내지는 '코끼리'로 불렀다.

입사 때만 해도 통통하기는 했지만 이 정도까지는 아니었다. 급격하게 살이 찌기 시작한 것은 팀장이 바뀐 입사 3년 차부터였다.

팀장은 출세욕은 강한 반면 무능력했다. 사내 정치는 잘했지만 통솔력이나 업무 능력은 형편없었다. 그는 자신의 업무조차 팀원들에게 맡겼다. 실패하면 팀원을 탓했고, 성공하면 성과를 가로챘다.

세 명의 팀원 중 두 명이 견디다 못해 퇴사했다. 그들이 맡았던 업무의 대부분은 그에게 돌아왔다. 그때부터 업무 지옥이었다. 매일 야근을 해도 일은 줄어들지 않았다. 제발 인원을 충원해달라고 팀장에게도, 인사과에도 하소연했지만 별 소용이 없었다.

퇴근하고 집에 돌아오면 자정이 가까웠다. 씻고 한숨 눈을 붙이면 다시 출근해야 한다는 사실이 왠지 억울했다. 그는 새벽까지 텔레비전을 시청하며, 닥치는 대로 음식을 집어삼키면서 끝없는 허기를 채웠다.

'나도 저렇게 살고 싶었는데….'

그는 늘씬한 여인과 함께 걸어가는 양복 입은 남자를 유심히 보았다. 키도 여자보다 한 뼘은 컸고, 몸매도 늘씬했다.

'어쩌다 나는 괴물이 됐을까?'

그는 거울에 비친 자신의 모습을 바라보다가 재빨리 시선을 돌렸다. 계속 쳐다보고 있다가는 대성통곡을 하게 될 것만 같았다.

폭식을 하는 데는 여러 이유가 있다. 가장 흔한 원인 중 하나는 각종 스트레스이다. 스트레스를 받으면 분비되는 호르몬이 식욕은 증가시키는 반면 포만감은 감소시킨다. 그래서 스트레스를 받을 때 음식을 먹으면 폭식을 하게 된다.

탄소화물이나 단당류는 코르티솔 호르몬의 수치는 낮추고, 도파민과 세로토닌의 수치는 높인다. 일시적으로 기분을 좋게 하는 효과가 있다. 그러나 폭식을 하면 비만, 고혈압, 당뇨병, 심장병 등의 위험이 증가한다. 또한 불안과 자존감 하락 등으로 인해서 우울해진다.

> 아무것도 바꾸지 않으면, 아무것도 변하지 않는다.
> _토니 로빈스

과다한 업무로 스트레스를 받아 폭식으로 풀고 있다면 스트레스 푸는 방법 자체를 바꿔야 한다. 음식 섭취가 아닌 운동이나 명상 같은 신체 운동 또는 취미 활동을 통해서 풀어야 한다. 식습관을 개선하고 야식이나 간식을 줄이면 허기는 져도 기분은 좋아진다.

비록 오늘의 자기 모습이 타인의 눈에는 형편없이 비칠지라도, 어제보다는 오늘이 낫다는 생각만으로도 기분 좋은 하루를 살아갈 수 있다.

05

나는 여기서 뭘 하고 있는 걸까

인간의 뇌는 계획하고, 실행하고, 평가하는 데 익숙하다.

목표를 달성할 경우에는 도파민, 세로토닌, 엔도르핀처럼 기분을 좋게 하는 보상 호르몬이 분비된다. 목표 달성에 실패할 경우에는 코르티솔의 분비가 왕성해지고, 안정감을 주는 셀레늄이나 옥시토신의 분비가 줄어들어 불안하고 우울해진다.

인간은 스스로의 평가를 통해서 자신의 상태를 확인하기도 하지만 타인의 시선을 통하기도 한다. 사회적 기대에 어긋나면 자기 비하감에 빠지고, 타인의 시선에 비칠 자신의 모습을 걱정하며 괴로워한다.

"얘, 저 사람 낙하산이야!"

"낙하산? 사장님 아들이라도 돼?"

"아니!"

"그게 아니면 우리 같은 중소기업에 무슨 백이 필요해?

"아니, 내 말은 하늘에서 내려오신 분이라는 뜻이야. 스카이 출신이라고."

"정말? 아니, 그런 분이 왜 우리 회사를 다녀?"

그는 분식집에서 점심을 먹다가 직원들이 소곤거리는 대화를 들었다. 갑자기 기분이 가라앉으며 입맛이 뚝 떨어졌다.

'차라리 직장 그만두고 집에서 게임이나 할까?'

집에 있으면 부모님이 눈치 보는 것 같아서 마지못해 출근했는데, 회사에서도 불편하기는 마찬가지였다.

그는 어려서부터 영재 소리를 듣고 자랐다. 실제로 영재교육원 출신이었다. 명문대를 졸업하고 대기업에 입사했다. 회사에서도 능력을 인정받았다.

그러나 인생을 월급쟁이로만 지내고 싶지는 않았다. 더 큰 세상으로 나가서 마음껏 꿈을 펼치고 싶었다.

입사 5년 만에 뜻이 맞는 선배와 함께 회사를 박차고 나와서 벤처 회사를 차렸다. 사업 아이템은 괜찮았다. 그러나 너무 시대를 앞서가는 바람에 투자자를 모으는 데 실패했다.

다른 아이템으로 다시 창업을 했다. 투자자도 모으고 유저들도 증가 추세였는데, 대기업에서 비슷한 사업에 뛰어들었다. 대규모 광고와 이벤트 행사가 이어지자 기존 유저들마저 빠져나갔다. 결국 눈물을 머금고 철수해야 했다.

모아놓은 돈은 5년 동안 벤처를 하면서 모두 날리고 빚만 남았다.

빚을 상환하려면 돈을 벌어야 했다. 그는 다시 대기업과 중견기업에 서류를 넣었다. 그러나 어느덧 불혹을 코앞에 둔 나이다 보니 서류 통과조차 쉽지 않았다.

결국 그는 지인의 소개로 지금의 회사에 들어올 수 있었다. 무역회사라고는 하지만 직원은 모두 여섯 명에 불과했다. 열 평 남짓한 공간에서 다 함께 일하는데 에어컨조차 설치되어 있지 않았다.

뜨거운 바람을 쏟아내는 선풍기 앞에서 서류를 넘기다 보면 문득 이런 생각이 들곤 했다.

'나는 대체 여기서 뭘 하는 걸까?'

회의감이 밀려들기 시작하면 집중력이 급격히 떨어지고 기분이 우울해졌다.

인생이란 멀고 먼 길이다. 항상 꽃길만 걸을 수는 없다. 걷다 보면 흙탕길도 나오고, 가시밭길도 나온다. 때로는 험난한 바위산을 올라야 하고, 때로는 끊어진 길 위에 서서 어디로 가야 할지 몰라 방황도 한다.

지나가버린 좋은 시절은 두 번 다시 돌아오지 않는다. 뒤돌아보며 후회해봤자 소용없다. 과거를 바꿀 수는 없는 법이다.

그러나 미래는 바꿀 수 있다. 현재를 어떻게 살아가느냐에 따라서 최악의 시절을 맞을 수도 있고, 새로운 전성기를 맞을 수도 있다.

> 존재한다는 것은 변화한다는 것이다. 변화한다는 것은 성숙해진다는 것이다. 그리
> 고 성숙해진다는 것은 지속적으로 자신을 새롭게 만들어나간다는 것이다.
>
> _앙리 베르그송

세상은 변화하며 흘러간다. 변화를 거부하기보다는 변화를 예측하고 두려움 없이 받아들일 때 인간은 성숙한다.

상황이 바뀌면 목표가 바뀌어야 한다. 꿈은 꽃과 비슷하다. 식물은 도저히 살 수 없을 것 같은 바위에서도 뿌리를 내리고 꽃을 피운다. 전략을 달리한다면 열악한 환경에서도 꿈을 이룰 수 있다.

비록 지금까지는 실패한 인생이라 해도 일하는 즐거움만 있다면 언젠가는 재기할 수 있다. 그러나 일하는 즐거움마저 잃어버렸다면 실패한 인생으로 끝날 확률이 높다.

현재의 삶이 마음에 들지 않는다면 '이상의 나'와 '현실의 나' 사이에 갭이 크기 때문이다. 목표를 바꿔라.

실현 가능한 목표를 설정하면 기분도 좋아지고, 일하는 즐거움도 느낄 수 있다.

06

나도 항아리에서 벗어나고 싶어

청소년기에 지속적인 폭력을 당하면 뇌 손상이 일어난다. 대뇌변연계에 자리한 아몬드 모양의 편도체는 감정과 스트레스를 조절하고 공포에 신속하게 반응하고 대처하는 역할을 하는데, 지속적인 폭력에 시달릴 경우 과민 반응을 보인다. 또한 기억과 학습 능력에 관련 있는 해마의 부피가 감소하면서 학습력이 떨어지고 기억력이 나빠진다.

지속적으로 행해지는 폭력은 코르티솔의 분비를 촉진한다. 전전두피질과 감정을 조절하는 변연계와의 연결고리가 약해져서, 부정적인 감정을 제때 처리하지 못하고 방치하니 우울한 감정에 사로잡힌다.

"왜 이렇게 날 피해 다녀요? 내가 무서워요?"

강 대리가 그녀를 빤히 바라보며 물었다.

"아, 아니요."

그녀는 미소를 지으려고 노력했지만 표정이 굳었는지 제대로 입가가 올라가지 않았다.

사실 그녀는 강 대리가 무서웠다. 다른 직원들은 강 대리가 무표정하다고 했지만 그녀의 눈에는 화난 듯이 보였다.

그녀는 강 대리와 짧은 면담을 마치고 재빨리 회의실을 나섰다. 속옷까지 식은땀으로 젖어 있었다. 폐소공포증 때문이었다.

마음의 안정을 찾기 위해서 옥상으로 올라갔다. 옥상에서 주변을 둘러보고 있으니 막혔던 숨통이 트인다. 오랜 습관대로 중학교 때 겪었던 '그 일'이 떠올랐다.

그녀는 경기 남부의 작은 마을에서 중학교를 다녔다. 학교에서 10분 남짓 걸어 올라가면 산비탈 밑에 폐가가 한 채 있었다. 그곳에서 소위 '잘나가는 아이들'이 모여서 술과 담배를 했고, 약한 아이들을 괴롭혔다.

그들은 그녀를 장난감처럼 갖고 놀았다. 인격 모독은 물론이고 화가 나거나 술에 취하면 무자비한 폭력도 서슴지 않았다. 그녀는 용돈과 학원비 등을 상납했다. 그러나 그것으로도 부족해서 어머니의 지갑에서 수시로 돈을 훔쳐서 갖다 바쳐야 했다.

그 일이 일어난 건 중학교 3학년 겨울이었다. 생일파티를 하게 돈을 내놓으라고 했고, 그녀가 돈이 없다고 하자 실오라기 하나 남기지 않고 옷을 모조리 벗겼다. 수치심과 추위로 부들부들 떨고 있는데, 산에서 경찰관들이 내려왔다.

"아, 젠장! 어떡하지?"

"야, 들어가, 빨리!"

다급해진 아이들이 항아리 뚜껑을 열더니 그녀를 땅속에 묻어놓은 항아리로 밀어넣었다. 항아리는 그녀가 웅크리고 앉으면 머리에 닿을 정도의 크기였다. 오래전에 김장 항아리로 쓰였는지 악취가 진동했다.

한 치의 빛도 들지 않는 깜깜한 어둠 속에서 그녀는 어서 경찰관이 지나가기만을 바랐다. 속으로 숫자를 세던 그녀는 경찰관이 지나가고도 충분한 시간이 되었다는 생각이 들었다.

"열어줘!"

그녀가 항아리 뚜껑을 밀어보았지만 꿈쩍도 하지 않았다. 낄낄거리는 아이들의 웃음소리가 희미하게 들려왔다.

"이제 내보내줘!"

다시금 고함을 지르며 몸부림쳤지만 소용이 없었다. 갑갑해서 미칠 것만 같았다. 호흡이 점점 가빠졌다. 그녀는 정신을 잃지 않기 위해서 길게 심호흡을 했다.

"시키는 건 뭐든지 할게, 제발 내보내줘!"

그녀의 울음 섞인 하소연에도 뚜껑은 열리지 않았다. 몸부림치다가 공포와 두려움 때문에 그녀는 잠시 정신을 잃었다.

얼마나 지났을까. 정신이 들자 그녀는 다시 항아리 뚜껑을 밀었다. 꼼짝하지 않았다. 그녀는 울다가 지쳐서 깜빡 잠이 들었다.

"제발 좀 꺼내줘! 죽을 것 같아!"

잠에서 깨어난 그녀는 다시금 뚜껑을 두 팔과 머리를 이용해서 밀었다. 꿈쩍하지 않던 항아리가 흔들렸다. 희망이 생긴 그녀가 있는 힘을 다해서 뚜껑을 밀자, 무언가 와르르 무너지는 소리와 함께 한순간에 열렸다.

깜깜한 밤이었다. 빈 소주병과 담배꽁초, 과자봉지만 널려 있을 뿐 아이들은 어디에도 보이지 않았다. 아이들은 항아리 뚜껑 위에다 무거운 돌을 잔뜩 얹어두고는 집으로 돌아간 것이었다.

그 뒤로 12년이 지났지만 그녀는 여전히 트라우마에 시달린다. 누군가 언성만 높여도 깜짝깜짝 놀라고, 사방이 닫힌 곳에 들어가면 전신이 굳으면서 식은땀이 흐른다.

'나도 이제 그만… 항아리에서 벗어나고 싶어!'

사람들은 세상이 컬러풀하다고 하지만 그녀의 눈에 비친 세상은 음울한 흑백이다. 그녀는 아직도 작은 항아리 속에서 살아남기 위해서 몸부림치고 있다.

일상생활에 지장이 없다면 혼자서 치료해도 되지만 생활에 지장이 있을 정도의 우울증이라면 전문가의 도움을 받아야 한다. 뇌에서 일어난 변화를 개인의 의지로 바로잡는 데는 한계가 있기 때문이다.

우울증을 방치할 경우 자살로 생을 마감할 확률은 20%에 이른다. 우울증은 광범위해서 개개인에 맞는 치료법과 약을 찾기까지 적잖은 시간이 걸린다. 하지만 그 과정이 끝나고 나면 완치 가능성은 50%에 이른다.

우울증에 가장 좋은 치료법은 운동이다. 그중에서도 유산소 운동을 하면 도파민과 세로토닌 등이 분비되어서, 부정적인 감정에 젖어 있는 뇌의 균형을 바로잡아준다. 전문가의 치료와 병행한다면 치료 효과를 높일 수 있다.

뇌는 유연한 데다 회복 능력이 탁월하다. 혼자라는 생각이 들수록 자주 사람들과 어울리려고 노력해야 한다.

> 우울증에 도움이 되는 가장 좋은 것 중 하나는, 일을 하며 다른 사람들과 소통하는 것이다. 일할 때 비로소 삶의 목적을 찾을 수 있기 때문이다.
> _트레버 노아

슬픔에 가까운 감정이 계속되고, 툭하면 눈물이 나고, 죄의식이 들고, 자신이 무가치하다고 느끼는 감정이 2주 이상 지속된다면 중증 우울증이다. 중증 우울증은 전문가의 치료를 받아야 한다.

세월이 지나면 삶은 저절로 나아지기도 하지만 병은 그렇지 않다. 방치하면 세월이 흐를수록 악화되게 마련이다.

더 좋은 삶은 용기를 필요로 한다. 어두운 곳에서 밝은 곳으로 나오는 것도 용기이고, 힘들고 어려울 때 도와달라고 손을 내미는 것도 용기이다.

우울증이 깊다면 전문가를 찾아가라. 무언가를 전환하기 위해서 용기를 낼 때 우울했던 기분이 바뀌면서 새로운 인생이 펼쳐진다.

✹ 간단하게 우울을 다스리는 6가지 좋은 습관

1. 좋아하는 음악 듣기

음악은 우리의 감정과 밀접한 연관이 있다. 유쾌한 음악을 들으면 기분이 유쾌해지고, 슬픈 음악을 들으면 슬픈 감성에 젖는다. 좋아하는 음악을 들으면 긍정적인 감정이 증가하는 것으로 나타났다.

좋아하는 음악을 들으면 기분을 좋게 하는 호르몬이 분비되고, 뇌의 혈류량이 증가해 뇌 활동이 활성화된다. 자아에 대한 긍정적 인식과 신뢰감 또한 높아져서 울적했던 기분이 한결 좋아진다.

▶ 따라 하기 ▶ 좋아하는 음악 듣기

▼ 환경 조성하기. 편안한 상태에서 음악을 들을 수 있는 환경을 조성한다. 심호흡을 하며 현재의 감정에 집중한다.

▼ 음악 선택하기. 내가 평소 좋아하는 음악을 선택하되, 어두운 음악보다는 밝은 음악을 선택한다. 차분하지만 희망적인 가사가 있는 노래도 괜찮다.

▼ 음악에 집중하기. 음악을 듣는 순간, 다른 생각이나 걱정은 내려놓고 음악에 몰입한다. 멜로디, 가사, 악기 연주 등을 주의 깊게 듣는다.

▼ 감정 표출하기. 음악에 맞춰 감정을 스스럼없이 표출한다. 따라 부르거나 춤을 추거나 지휘나 연주 등을 한다.

▼ 긍정 메시지 찾기. 음악이 전하는 메시지와 에너지를 받아들인 뒤, 나에게 격려의 말을 전한다.

▼ 여운 즐기기. 음악이 끝났으면 여운을 즐긴다. 음악을 들었을 때의 감정 상태나 감정의 변화를 기억해둔다.

2 새로운 일에 도전하기

우울에는 대개 무기력이 동반된다. 새로운 일을 시작하면 목표와 동기가 생긴다. 새로운 사람들을 만나고 새로운 경험을 하면, 자존감도 올라가고 자기효능감도 높아져서 우울에서 벗어나 기분을 전환하는 데 도움이 된다.

새로운 도전은 세상을 보는 시야를 넓힐 기회이자 잠재력을 발휘할 기회이다. 성공한다면 성취감을 통해서 살아가는 기쁨을 느낄 수 있다.

▶ 따라 하기 ▶ 새로운 일에 도전하기

▼ 새로운 일 찾기. 평소 관심 있던 분야와 나의 능력을 고려해서 새롭게 도전할 일을 선택한다.

▼ 목표 설정하기. 목표는 현실적이고 구체적이며 달성 가능한 것이어야만 한다. 그래야 계속 동기를 부여하고 목표 달성에 대한 의지를 가질 수 있다.

▼ 계획 세우기. 일정을 고려해서 단기·중기·장기로 나눈다. 단계마

다 어떤 일을 해야 하는지 세부 목록을 작성한다.

▼ 자원 확보하기. 새로운 일을 하는 데 필요한 자원을 최대한 확보한다. 필요한 정보나 도구, 지원 방법 등을 일일이 확인한다.

▼ 도전하기. 도전하는 동안에는 목표를 달성하기 위해서 집중력을 발휘한다. 난관에 봉착했을 때는 낙담하지 말고 긍정적인 마인드로 문제를 해결해나간다.

▼ 성취감 느끼기. 도전을 성공적으로 마쳤으면 마음껏 성취감을 느낀다. 작은 성공일지라도 아낌없이 칭찬하고, 나에게 축하의 말과 함께 정신적·물질적 보상을 한다.

3. 긍정 일기 쓰기

긍정 일기는 우리가 흔히 놓치기 쉬운 삶의 소중함을 깨닫게 하는 효과가 있다. 하루를 지내면서 좋았던 일들이나 감사한 일들을 적다 보면 우울한 기분은 감소하고 삶에 대한 희망이 생긴다.

또한 긍정 일기 쓰기는 자신을 성찰할 기회이기도 하다. 자기 자신에 대해서 좀 더 이해할 수 있으며, 자아의 회복 탄력성을 높여주어 일상으로의 원활한 복귀를 돕는다.

▶ 따라 하기 ▶ 긍정 일기 쓰기

▼ 편안한 시간과 공간 확보하기. 일단 차분한 마음으로 일기를 쓸 수 있는 시간과 공간을 확보한다.

▼ 규칙적으로 쓰기. 긍정 일기는 가급적 규칙적으로 정해진 시간에 쓴다. 습관으로 자리 잡아야 긍정 일기를 쓰는 효과를 높일 수

있다.

▼ 긍정적인 일 적기. 하루를 지내는 동안 좋았던 일이나 감사한 일들을 상세하게, 구체적으로 육하원칙에 의거해 적는다. 그림이나 삽화를 첨부하면 더 좋다.

▼ 감정이나 감사를 표현하기. 그 일로 인해서 어떤 감정을 느끼고 어떤 기분이 들었는지를 빠짐없이 적는다. 감사하고 싶은 마음이었다면 감사하는 마음을 적는다.

▼ 성장과 발전 과정도 함께 적는다. 일도 좋고, 운동이나 취미 활동도 좋고, 다이어트 같은 것이어도 상관없다. 조금이라도 성장하고 발전하고 있다면 구체적으로 기록한다.

▼ 일기 마무리하기. 긍정 일기를 마무리할 때는 간략한 총평, 감사 인사, 긍정적인 미래와 희망, 나에 대한 격려 등을 적는다.

4 소중한 사람과 함께하기

소중한 사람과는 정서적으로 결합되어 있다. 시간을 함께 보냄으로써 긍정적인 에너지를 얻을 수 있고, 그들의 태도와 말에서 영감을 얻을 수도 있다.

소중한 사람들의 공감과 이해는 우울을 극복하는 데 도움이 된다. 하지만 그들이 우리의 우울한 상태를 완전히 이해할 거라고 믿거나 바라서는 안 된다. 아무리 가까운 사이라도 누군가를 완전히 이해하는 건 불가능하다.

즐거운 시간을 함께 보내며 우리를 지지하고 응원해주는 사람들이

곁에 있다는 사실에 감사할 때 힘을 낼 수 있고, 우울한 기분을 극복할 수 있다.

▶ 따라 하기 ▶ 소중한 사람과 좋은 시간 보내기

▼ 소중한 사람 선별하기. 가족, 친구, 동료들 중에서 함께 있으면 기분이 좋아지는 사람을 선별한다.

▼ 일정 짜기. 함께 시간을 보낼 일정을 짠다. 선별한 사람들의 취향을 고려해서 모두가 좋아할 만한 무난한 일정을 잡는다.

▼ 날짜 조율하기. 각자의 사정이 있으니 모두가 참석하지 못할 가능성이 높다. 함께하고 싶은 이들 중 우선순위에 둔 사람의 스케줄에 맞춰서 조율한다.

▼ 소통하고 대화하기. 나의 상태와 감정을 솔직하게 표현하고, 그들의 조언에 귀를 기울인다. 격려나 칭찬은 감사하게 받아들인다.

▼ 유쾌한 시간 보내기. 함께할 수 있는 놀이나 게임 등을 통해서 즐겁고 유쾌한 시간을 보낸다.

▼ 소중한 순간 기록하기. 함께 시간을 보내는 동안 사진을 찍거나 간단한 메모를 통해서 소중한 순간을 기록해놓는다.

▼ 감사 인사하기. 마무리를 할 때는 함께 시간을 보내준 데 대한 감사 인사를 전한다. 악수나 포옹 등을 하며 다음 만남을 기약한다.

5. 삶의 의미 찾기

우울증의 증상 중 하나는 '허무감'이다. 뇌 속 호르몬의 불균형으로 인해 우울증을 느끼기도 하지만 삶의 목표가 사라졌을 때 허무감은 한층 깊어진다.

삶의 의미를 찾으면 삶에 목표가 생긴다. 당장 해야 할 일이 생기므로 허무감이나 우울에서 벗어날 수 있다. 자기 자신의 가치를 확인할 수 있고, 태도에도 변화가 생겨서 긍정 마인드를 지니게 된다.

▶ 따라 하기 ▶ 삶의 의미 찾기

▼ 자기 탐색하기. 삶의 가치를 어디에 두고 살아왔는지, 관심사는 무엇인지, 어떤 일을 가장 잘하며, 어느 정도의 역량을 지니고 있는지, 어떤 성격인지 등을 탐색한다.

▼ 새로운 목표 찾기. 삶의 의미를 느낄 수 있는 활동을 찾는다. 선한 영향력을 줄 수 있고, 내가 열정을 갖고 달려들 수 있는 일이라면 금상첨화이다. 창작 활동, 사회운동, 자원봉사 등을 면밀하게 검토한다.

▼ 소명 의식 찾기. 목표를 찾았다면 살아 있는 동안 그 일을 반드시 해야만 하는 사명감이나 소명 의식을 찾는다.

▼ 자기 계발하기. 삶의 의미를 찾을 수 있는 그 일을 한층 더 잘 해낼 수 있도록 자기 계발을 한다.

▼ 체크하고 평가하기. 정기적으로 진행 상황을 체크하고 평가한다. 애초 의도에서 계속 벗어나거나 의욕이 떨어진다면 목표를 재설정하거나 달성 가능하도록 목표를 재조정한다.

6. 규칙적인 운동하기

인류는 오래전부터 사냥, 채집, 전투 등을 수행해왔고, 이러한 생존

경험은 인간의 유전자에 각인되어 있다. 우울증 환자들은 신경전달물질의 불균형으로 기분이 축 처지는데, 운동을 하면 스트레스 호르몬 분비는 감소하고, 기분을 좋게 하는 호르몬의 분비는 촉진되어 우울했던 기분이 전환된다.

운동은 활력을 주고, 아름다운 체형을 갖춰감으로써 긍정적인 자아 이미지를 형성한다. 또한 성취감을 통해서 자존감을 높여주고, 수면의 질을 높여주어 건강한 삶을 살아가기 위한 필수 항목이라 할 수 있다.

▶ 따라 하기 ▶ 규칙적인 운동하기

▼ 운동 종류 선택하기. 자신의 체력과 취향을 고려해서 지나치게 힘을 들이지 않고도 즐겁게 해낼 수 있는 운동을 선택한다.

▼ 목표 설정하기. 운동 시작 전 구체적인 목표를 설정하고, 목표 달성을 위한 계획을 세부적으로 세운다.

▼ 운동 시간 확보하기. 규칙적으로 운동을 하려면 가급적 시간을 정하는 것이 바람직하다. 운동을 빼먹지 않도록 다른 시간을 줄여서 운동 시간을 확보한다.

▼ 스트레칭하기. 운동 전후에는 스트레칭을 통해서 워밍업과 쿨다운을 한다. 스트레칭을 생활화해야 부상 위험을 줄일 수 있다.

▼ 긍정적인 감정 느끼기. 운동 도중에는 행복 호르몬이 분비되므로 우울한 감정이나 부정적인 생각은 털어내고 긍정적인 감정을 느낀다. '잘하고 있어!'라거나 '충분히 해낼 수 있어!'라며 자신에게 격려의 말을 해준다.

▼ 보상하기. 운동이 끝났으면 나에게 상을 준다. 물질적 보상도 좋

고, 좋아하는 음악을 듣거나 마사지를 받는 등의 보상을 통해서 운동이 즐겁다는 사실을 각인한다.

기억공작소에서

개미총감양지님께